U0918667

向亚云 遥 茹◎编著

品读国学

启迪人生：做有素养的魅力女性

汲取国学精髓，发挥女性特质，塑造底蕴深厚的魅力女性！

品读国学，关注外表，更重视禅悟心灵，成就高品位、深内涵的优雅女性；

品读国学，享受生活，更懂得经营人生，学会幸福生活、快乐工作的知性女人；

新 华 出 版 社

图书在版编目（CIP）数据

品读国学，启迪人生：做有素养的魅力女性／向亚云 遥茹编著.
—北京：新华出版社，2015.1
ISBN 978-7-5166-1468-6

Ⅰ.①品… Ⅱ.①向…②遥… Ⅲ.①国学－通俗读物 Ⅳ.①Z126-49

中国版本图书馆 CIP 数据核字（2015）第 002849 号

品读国学，启迪人生：做有素养的魅力女性

作　　者：向亚云　遥茹

出 版 人：张百新　　**责任编辑**：朱思明

封面设计：国风设计

出版发行：新华出版社

地　　址：北京石景山区京原路 8 号　　**邮　　编**：100040

网　　址：http：//www.xinhuapub.com　　http：//www.press.xinhuanet.com

经　　销：新华书店

购书热线：010－63077122　　**中国新闻书店购书热线**：010－63072012

照　　排：北京中工干教文化交流中心

印　　刷：北京柯蓝博泰印务有限公司

成品尺寸：170mm×240mm　1/16　　**印　　张**：13

字　　数：172 千字　　**版　　次**：2015 年 1 月第一版

印　　次：2015 年 1 月第一次印刷

书　　号：ISBN 978-7-5166-1468-6

定　　价：35.80 元

图书如有印装问题，请与出版社联系调换。

前言 Foreword

女人，点一盏心灯再行路。

贾宝玉认为，女人是水做的骨肉，男人是泥做的骨肉，“凡山川日月之精秀只属于女儿，须眉男子不过是些渣滓浊沫而已”。在宝玉的眼中，女人的一颦一笑都是美的。只是在封建男权社会，这种美不能被公开、不能被欣赏，甚至不被认可，它只能属于一个男人。

当代女人同男人一样在社会上打拼，没有人会故意掩饰自己的姣美和才华；相反，她们会利用自己的女性优势和女性魅力为自己争取更好的生活、更多的机会。但是，传统文化赋予我们的角色定位并未改变，已经脱离了男人附庸地位的女人在参与激烈社会竞争的同时依旧负担着照顾家庭的责任。在职业女性、家庭妇女两种角色中不断切换的女人们会同时面临来自社会和家庭的压力和矛盾，如何处理和化解这些矛盾，给女人们提出了一个艰难的课题。

于是，牢骚满腹的怨妇越来越多了。

“路漫漫其修远兮”，女人们通过各种渠道、各种方式寻求快乐、幸福的人生答案；而社会上提供给女人的选项则五花八门，国学，是其中最不可偏废的一个。

一个人整天觉得很纠结，于是就到深山古寺找禅师开悟。

他满怀焦虑地说：“我总放不下一些事，放不下一些人。”

禅师淡淡地说：“世上没有什么东西是放不下的。”

他说："可我就偏偏放不下。"

禅师让他拿一个茶杯，然后往里面倒热水，一直倒到水溢出来。这人被烫到后，马上松开了手，茶杯掉到地上摔破了。

禅师说："这个世界上没有什么事是放不下的，痛了，你自然就会放下。"

痛了，自然就放下；爱了，自然就追求；累了，自然就歇息；厌了，自然就分离。

国学的智慧源远流长，它荟萃了五千年的华夏文明，先贤智哲们早就在辉耀千古的经典古籍中留下了他们的谆谆教诲，你的心落了尘，可以用它擦拭；你的情乱了序，可以用它梳理；你的爱生了锈，可以用它打磨……

在国学浩瀚的知识海洋里，提着一盏心灯努力寻找，就能随时发现惊喜，发现价值。

"腹有诗书气自华"，当代女人不但能修炼成"白骨精"，也可以穿越为"李清照"，国学知识能丰富心灵、启迪智慧，使女人超脱自我局限，在通往幸福人生的道路上浅吟低唱、努力前行。

目录

第一章 品味国学，汲取智慧，秀外慧中享快乐人生

一个优秀的妻子是男人打拼事业的贤内助，一个优秀的母亲是子女终身教育的良师益友，女人是家庭幸福持久的智慧源泉，是整个社会向前发展的不竭动力。女人要不断地从中华五千年的传统文化中汲取精粹，不断完善自己，把自己打造成美丽高雅、秀外慧中的女性，为家庭和事业撑起一片蓝天，进而拥抱快乐幸福的人生。

第二章 国学中的“和气”秘诀，轻松惬意做优雅女性

和气是一种谦和态度，和气是一种品性修养，和气是一种辽阔的心境，和气是一种善言善行，和气是一种为人处世的智慧，和气更是一种达观。古人说，人能诚心和气，胜于调息观心。来自外界的纷扰实在是太多，女人要学会保持纯真的心性，言谈举止间才能温婉柔和、自然愉悦。要知道，境由心造，有爱心的人必生和气，有和气的人必生愉色，有愉色的人必生婉容。

每个人生活在尘世中，都免不了和他人打交道，少不了烦恼和困扰。要想化解矛盾，立足于世，便要懂得“做人有方圆，做事有尺度”。学会潇洒处事，学会及时调整自己的心态，只有这样，才能让心态保持积极乐观，充满阳光；只有这样，才能成为生活的强者，尽情享受生活带来的愉悦和美好。

现代职场，需要积极阳光的心态，更需要平衡的心态，需要每一个人淡定从容地面对一切，过去了就放下，无须纠缠。每一天，每一刻，都是结束，也都是开始。人生，有多少计较，就有多少痛苦。舍弃那些小聪明，学会舍得，做好每一件事，守住内心的淡定与宁静。只有这样，机遇和成功才会不期而遇，才能在茫茫的人生旅程中欣赏到美丽的风景。

在价值取向多元化的社会背景下，国学文化是解除内心焦虑、重塑美好人生的最佳选择。难得糊涂可以擦亮幸福，经得起诱惑、耐得住寂寞才能寻找到内心的充实与安宁。在“儒、释、道”的传统国学文化中汲取智慧，学几分潇洒，不贪婪、不嫉妒，以祥和心态和睿智头脑做一个理性女人。在国学里，找到幸福的密码，让自己成为一个幸福的女人。

国学中的精髓，既有“仁、义、礼、智、信”这些塑造完善人格的要求，又有“厚德载物”“和为贵”“格物致知、诚意正心、修身齐家治天下”等人生指南的义理，传递着无限的正能量。家是最小国，国是千万家。家，是每个人的归宿，每个人在自己的家庭中都充当着不同的角色。家庭是社会的重要组成部分，在家庭中，女性占着重要的地位。古人把美德作为立家之本，“父子恩，夫妇从。兄则友，弟则恭。”只有建立和谐的家庭秩序，夫妻才会和顺，孩子才会乖巧，家才能成为幸福的港湾。

第七章 品悟国学，做一位贤明智慧的好妈妈

古人非常注重家风、家教，注重对子女的德性培养，国学以传统文化中的仁义礼智信、向道、向善等理念正面引导，“重德修身”成为传统家训的核心内容。古人的智慧，为后世留下了很多宝贵的经验。作为母亲，总想把最好的东西留给子女，其实不管给其多少财物都是身外之物，只有教其重德向善，才是为子女做的长远打算，因为德是做人最根本、最本质、最美好的东西，是一切福分的源泉，是留给子女的最可靠的财富。

第八章 国学中的养生减龄智慧，让魅力永恒

女性到了一定的年纪，即便是再隐瞒，也容易暴露实际的年龄。想要减龄，就需要好好地爱自己，不仅养身，更要养心。要从早睡早

起、闭目养神、梳头等这些看似很平常的小事做起，还要把滋阴养肾和养护膝盖等日常养生也重视起来，只有这样，才有可能做到真正的减龄，才有可能真正拥有自己的快乐和幸福。

第一章

品味国学，汲取智慧，秀外慧中享快乐人生

一个优秀的妻子是男人打拼事业的贤内助，一个优秀的母亲是子女终身教育的良师益友，女人是家庭幸福持久的智慧源泉，是整个社会向前发展的不竭动力。女人要不断地从中华五千年的传统文化中汲取精粹，不断完善自己，把自己打造成美丽高雅、秀外慧中的女性，为家庭和事业撑起一片蓝天，进而拥抱快乐幸福的人生。

1 快不快乐，关键在于心情

快乐始于好心情，好心情源于好心态。处逆境而不折，常怀感恩的心，对人生充满希望，对理想不懈追求。人生在世，会经历许多的事情，并不是每件事情都能够称心如意，我们为何不把不如意的事情化戾气为祥和，化悲痛为力量呢？

寻觅历史，当钟子期与伯牙相遇而奏一曲高山流水时，他们是快乐的；当游子临行，母亲密密缝时，他们是快乐的；当山无棱，天地合，才敢与君绝，他们是快乐的；他们虽是处于逆境而脱于世俗，虽是安于贫寒却不折身腰，虽是发于情而止乎礼却是不拘束于礼教。

而这些之所以能够成为美谈，是因为他们能始终保持一种快乐的心情，不为环境所累。他们有一颗处变不惊的心。世之不如意十有八九，而他们独有一种好的心态。

菩提亦无树，明镜亦非台。本来无一物，何处惹尘埃。

> 孟子当过齐国的国策顾问，地位很高，受到许多诸侯的重视，但他毕竟没有机会来真正实践自己的仁政理想。有一次，在周游列国的路上，孟子的学生问：老师，您看上去好像不开心，您不是以前说过孔子那句话吗，“不怨天，不尤人”，为什么看起来还不开心呢？孟子说，“我没有什么不开心的。夫天未欲平治天下也，如欲平治天下，当今之世，舍我其谁也？”

孟子的快乐在于他有自信，相信你只要给我机会，我就可以让天下太平。做一个儒家的学者，有时候会因为理想太高，使得别人没办法相信你；或者即使让你去做，结果怎么样，别人也没有把握。表面上看，孟子很不得志，甚至学生也以为他很不快乐，但他说出的那句话可谓豪气干云，非常自信洒脱。他能存养扩充自己与生俱来的向善之性，做一个真实的人，生命的快乐根源在内不在外。孟子曰：“万物皆备于我矣。反身而诚，乐莫大焉。强恕而行，求人莫近焉。”

就像孔子在匡被围之后，他说：“天之未丧斯文也，匡人其如予何？”

著名的古希腊哲学家柏拉图曾说过：“决定一个人心情的，不在于环境，而在于心境。”的确，虽然影响一个人心情的因素有很多，但其中能起到决定性作用的仍是人的心境。

同样的一位哲人单身时，和几个朋友一起住在一间只有七八平方米的小房子里。看他总是乐呵呵的，有人问他：“那么多人挤在一起，有什么可高兴的？”哲人说：“朋友们住在一起，随时可以交流思想、交流感情，难道这不是值得高兴的事吗？”

过了一段时间，朋友们都成了家，先后搬了出去，屋内只剩下他一个人，但他每天仍非常快乐。又有人问他：“你一个人孤孤单单的，有什么好高兴的？”他说：“我有很多书哇。每一本书都是一位老师，和这些老师在一起，随时请教怎不令人高兴？”

几年后，这位哲人成了家，搬进大楼，住一楼，仍是一副其乐融融的样子。有人便问：“你住这样的房子还能快乐吗？”哲人说：“一楼多好啊！进门就是家，搬东西很方便，朋友来访很方便……特别让我满意的是，可以在空地上养花、种草。这些乐趣真好呀！”

又过了一年，这位哲人把一楼让给一位家里有偏瘫老人的朋友，自己搬到楼房的最高层，而他仍是快快乐乐的。朋友问他：“先生，住顶楼有哪些好处？”他说：“好处多着呢！每天上下楼几次，有利于身体健康；看书、写文章光线好；没有人在头顶上干扰，白天黑夜都安静。”

这位哲人是如何做到面对糟糕的生活环境而时刻保持愉快的心情呢？原来，因为他总能坚持以乐观积极的生活态度去看待问题，去发现和挖掘事物美好的一面，所以他才能让自己在各种恶劣环境中仍然保持着快乐的心情。

只要心境开阔，快乐自然常驻心间。“晨兴理荒秽，带月荷锄归”是陶渊明的快乐，他的快乐融入了“采菊东篱下，悠然见南山”的劳动和悠闲之中；“朝发夕至”是李白的快乐，他的快乐融入了《早发白帝城》那“千里江陵一日还”“轻舟已过万重山”的欣喜和潇洒里；王维的快乐是“花迎喜气皆知笑，鸟是欢心亦解歌”的喜逢知音，苏澈的快乐是“天下之乐无穷，而以适宜为悦”，自己最想过的日子最快乐……

人活一辈子，快乐最重要。我们应拥有好心态，快乐每一天。每一天，你都可以过得很不快乐，也可以过得很快乐。如果你选择了乐观，那么你就能获得快乐；如果你选择了郁闷，那么没有人能让你开心。快乐不快乐，由你自己决定，由你的心态决定。

“春有百花秋有月，夏有凉风冬有雪。若无闲事在心头，便是人生好时节。”一年四季的特点是不同的，但是，如果我们能够抱着欣赏和乐观的眼光去看，那么，一年四季都是好的季节。

世间万事万物，你可以用两种观念去看它，一个是积极、乐观地去看待；另一个是消极、悲观地去看待，这完全决定于你自己的看法。而你的看法，往往决定着你心情的好坏。

有一个老妇人，她总是忧心忡忡，无论是下雨天还是晴天，她都很担忧。原因是她有两个女儿：大女儿嫁给卖伞的，小女儿嫁给染布的。天晴时，她担心大女儿家的伞卖不出去；下雨天，她又担心小女儿染的布被淋着。所以她一年到头都很忧愁。

有一个人劝她，不妨转换一下思维：天晴时应该高兴，因为小女儿可以顺利染布了；下雨天也应高兴，因为大女儿家的伞能卖出去了。这样，无论是晴天还是雨天，你不都可以开开心心了吗！

俗话说，我们改变不了天气，但我们可以改变心情。

其实，世间的事物千差万别、千奇百怪，不一定都像我们想象的那么好，当然，也不一定像我们想象的那么坏。无论怎样，都在于我们用什么样的心态去看待它。

比如，同是一个面包圈，乐观者看到的是面包圈，而悲观者看到的则是面包圈中间的空洞。面包圈都是一样的，但乐观者和悲观者由于心态不同，看到的结果也就不一样了。事实上，人们眼睛见到的，往往并非事物的全貌，而是自己想寻求的东西。心态不同各自寻求的东西不同，因而对同样的事物就采取了不同的态度。早晨起床，看到天气晴朗，乐观者想，今天真好，又是一个艳阳天；悲观者想，糟糕，又要被太阳晒得睁不开眼睛了。看到下雨天，乐观者想，空气真清新；悲观者却想，又要被雨淋了。

没有人总是一帆风顺，没有人一生水静无波，生活总是会遭遇这样或那样的不幸与灾难。面对不幸与灾难，你可以选择乐观，也可以选择悲观。悲观也是面对，乐观也是面对，我们何不选择乐观呢？

人活一辈子，我们都希望自己有个幸福的家，每天都是个快乐的人。但在生活中，不是一切都尽如人意。我们可能会遭遇各种各样的不幸，但我们应笑对不幸，笑对生活！

生活给了女人太多的责任、太多的负担以及太多的约束。很多女人常常就习惯把自己的心囚禁在一个狭小的天地里，于是琐碎、烦恼、苦闷、忧郁随之而来。所有的不快乐写在脸上，再美丽的女人都会不再美丽动人。女人应该为自己而活，活得轻松，活得随意，活出自我，活出一份好心情。让我们打开心窗，走出疲惫，走出压力，走出烦恼。“去留无意，闲看庭前花开花落；宠辱不惊，漫随天际云卷云舒。”

作为一个女人，如果你希望有一个快乐的人生，如果你希望人生常春，那么就要笑对世界，展现出充满活力的面貌，让自己对未来充满希望，落落大方，不卑不亢。用乐观的态度对待人生就要微笑着对待生活，因为微笑是乐观击败悲观的最有力武器。无论生命走到哪个地步，都不要忘记用微笑看待一切。微笑着，生命才能征服纷至沓来的厄运；微笑着，生命才能将不利于自己的局面一点点打开。快乐其实就是这么简单，人生何处无风景，关键看保持一个什么样的心境。守住乐观的心境，“不以物喜，不以己悲”，我们就能看遍天上胜景，览尽人间春色。

启迪人生

如果你的世界沉闷而无望，那是因为你自己沉闷无望。要想改变你的世界，就必须改变你自己的心态。如果我们的心态是乐观的，那么你就会发现，快乐原来如此简单。

2 现在的你刚刚好，何必让自己“完美”得不能负荷

金无足赤，人无完人。

每个人都不是十足完美，总有或多或少的缺陷，我们总是疲于奔走，疲于上下打量自己，发现了让人不那么喜欢的地方，就如同发现了脸上

的青春痘一般，不将它挤掉始终无法释怀。

古人曾言：女为悦己者容。

爱美是女人的天性，尤其是在自己喜欢的人面前，生怕自己有一点不完美，从而苛求自己变得更加美好。

容不得自己腰上有一点赘肉，容不得自己脸上有一颗痘痘，容不得自己的皮肤有一丝暗淡，更容不得自己喜欢的人对自己表露出一丝嫌弃的表情……

都说恋爱中的人智商为零，古往今来，又有多少人陷入了这个泥沼而拔不出来？

越是小心谨慎，越是发现更多的问题，从而逼迫自己不停改变，这个时候的我们往往都会忘记一件事情：真正喜欢的人，会包容你的所有缺点，根本就不需要什么改变。现在的你刚刚好，何必让自己“完美”得不能负荷？

朋友处在恋爱期的时候便是如此，因为是写文字的，所以她常常会找我倾诉，原本一个大大咧咧爽朗的女孩子在自己男朋友面前硬是将自己变成了一个畏首畏尾的小女人。

她说她很累，但她真的很喜欢男友，不想他因为自己的脾气与任性与她分开。

当时听了只觉得好笑，人生由很多部分组成，爱情也只是其中的一部分罢了，始终都不明白她为何那么的小心翼翼。

偶然从一本书上看到一段话的时候，心中一动，连忙给朋友打了电话。

“两个人过日子是一辈子的事情，即使你能装得了一时，难道还能装一辈子吗？与其让他熟悉这个假装的你，倒不如放开自己的性子，无论是优点还是缺点，全部都敞开了来。你很好，为什么还要勉强自己做一个陌生的人呢？”

朋友似乎想了很多，慢慢的，她来找我的次数也少了，几个月以后，听到的就是她结婚的消息。她说她过得很快乐，人与人之间的相处本来是包容，倘若不能容忍，又何谈在一起？

我们每时每刻都在苛求自己变得更完美，不容许自己有一丝的瑕疵，给自己沉重的心理压力。实际上，看你顺眼的人仍然看你顺眼，看你不顺眼的人还是看你不顺眼。

人的改变，是为了适应这个社会，适应自己的人际关系，强自去扭转自己，强迫自己去接受原本不喜欢的东西来体现自己的包容，在寻常人眼中，你会是真正的包容，但在有心人眼中，你表现出来的一切都全部都只是虚伪。

我行我素，给自己足够的自信与力量，相信自己：我很好，不需要再苛求多么的完美！

汉成帝之后赵飞燕，妖冶冷艳，舞技绝妙，荣冠后宫，获得汉成帝的无限恩宠。

传说她肤色白皙娇嫩，若仅凭借容貌与舞姿宠冠后宫也不是难事，但偏偏她苛求太多，为了取悦汉成帝，为了让自己的肤色不变，把一种秘方配制叫作香肌丸的药丸塞入肚脐，她虽身轻如燕，虽恩宠不绝，但失去了生育子嗣的能力，只能靠残忍与美色来将帝王的恩宠留在自己身边。

我们不是赵飞燕，我们的老公也不会是汉成帝，在当今的社会，女人已经不单单是男人的附属品，也不是如同在那深宫大院中一般，没有了帝王的荣宠就活不下去。

我们需要为我们自己打算，一辈子找一个自己爱也爱自己的人是所有人的心愿，不仅仅是感性的女人，就连男人也是如此。

他们也时常会为了自己的爱人而做出改变，但这种改变，绝对不是让自己变得毫无瑕疵，而是改一改小毛病，来让自己的爱人感觉更加幸福。

人与人之间的相处就是一个互相包容的过程，人心不一，如果想要迎合所有人的目光，那只会将自己搞得一团糟，所以，我们没有必要变成别人眼中完美的人，也没有必要为了谁去将自己变得那么陌生，给予自己自信，昂头生活，就是最完美的自己！

启迪人生

爱你的，不会因为你的一点点缺陷就讨厌你；讨厌你的，也不会因为你的改变就会喜欢你。我们没有必要为了别人来将自己变得如同陌生人一般，现在的你已然很好，为什么还要让自己“完美”得不能负荷？

3 不要“强迫症”，做心情清爽的女人

清爽是一种积极的生活状态，是一种感到放松的心态，更是一种最好的自我生存方式。

俗话说，相由心生，由外及内，又由内及外，缺一不可。从古到今，这样的女人，都是清爽怡人、让人难以忘怀的。这样的心情，也是大家共同追寻的至高境界。

诗经中的“关关雎鸠，在河之洲。窈窕淑女，君子好逑”为我们描述了一番清纯萌动的少男少女的美好开始。

李白的“赵客缦胡缨，吴钩霜雪明。银鞍照白马，飒沓如流星。十

步杀一人，千里不留行。事了拂衣去，深藏身与名”更为我们展现了江湖侠客爽快而行，武艺高超，来去自如的爽快与自在。

李清照的多愁善感，卓文君的博学多才，那首《白头吟》字里行间声声泣泪，是一个女人对爱情的执着与向往，以及一个女人独特的坚韧与坚定。

卓文君博学多才，是一代才女，她会为了爱情勇于放弃自己的荣华，会为了爱情吃自己不曾吃过的苦而无怨无悔。

卓文君便是一个清爽的女人，她独立坚韧有主见，博学多才温雅知性，她睿智稳重不会贪慕虚荣，勤恳聪慧，洒脱自在。其中的一句“愿得一心人，白首不相离”又道尽了古往今来多少女人最为真切的心思与最诚恳的期盼？

新时代的女性，已经有很多人摆脱以前的状态，不再是围着孩子与炉灶转悠，而是有了自己的事业，也因此面对着越来越多的压力。

偶然读过一篇文章，很短小的句子，却感觉十分有道理。上面介绍的是一种转换心情的方法，当你的心情不好的时候，不妨好好将自己装扮一下，给自己的身体与心灵放一天假，出去看一看那些高楼大厦、车水马龙或者去郊外呼吸一下清爽的空气，看着不一样的自己，整个人也便好了起来。

装扮的清爽要比心的清爽容易太多了。

如果是在夏季，穿着简单的白色T恤，卷边的牛仔短裤，蹬上一双小清新的帆布鞋，戴着夏天清爽的凉帽，约两三个姐妹在冷饮店坐上一坐，看着窗外的车水马龙，回忆着过往的青春与简单，慢慢地放松自己的心情，从那烦琐的工作之中解脱出来，会在不知不觉之中，让自己的心情也变得清爽起来。

清爽的女人，就如同馥郁的鲜花，如同苍翠的文竹，如同城市中一道亮丽的风景线。她们精明干练，知性懂礼，一举一动之间都充满了儒雅的书卷味，但行动之时又雷厉风行，不拖泥带水，宛若巾帼英雄，丝毫不让须眉！

人生就是一个不断充实自己的过程，步入了婚姻的殿堂，对很多女人来说意味着围着孩子与灶台团团转，缺少了时间去收拾自己，去外面逛街不是孩子的衣服就是家里的柴米油盐，鸡毛蒜皮的琐事一大堆，哪里还有自己的生活可言？

那个时候，留下的就只是自己的从前。

可很多的事情不是我们没时间去做，而是不去做。最好的例子，便是我们所熟知的影视明星。

孙俪在与邓超结婚之后，有了自己的爱情结晶，两人的婚姻幸福而又忙碌，成了妈妈的孙俪事业却又屡次创造高峰，一部《甄嬛传》风靡一时，熹贵妃的形象也更是深入人心，而她依然还是那个当初的孙俪。

抽出一些时间用来充实自己，除了美容美发，我们也可以多多去书店，虽然如今网络文学占据了大部分的份额，但书始终是网络所代替不了的，而且书本也没有所谓的辐射危害，我们随时随地都能拿出来看一看。

许多人幻想中的安宁清爽世界，往往都是在一处阴凉处，鼻端花香弥漫，品一杯茶，捧一本书，错落有致的树影不规则地洒落在书页之上，那一幕，宁静致远。

从百忙之中抽出一些时间来做自己喜欢的事情，将自己的心灵从日常的束缚中解脱出来，与同事、朋友、家人快乐地畅谈，尽情地谈论自己所知道的一切，从书中看到的，从新闻中了解的，日常生活中所遇到的……无所不欢。

一个清爽的女人，如同傲立在寒风中的红梅，美艳夺目，却也与红梅不同，因为她有着自己的温和。

启迪人生

做一个清爽的女人，真真切切享受生活，我们为家人而活，也为自己而活，知性温雅，就如同一瓶好酒，历久弥新！清爽是女人一生中最宝贵的财富，也是值得我们用一生去守护的特性。

4 最真的笑容，最美的自己

人世间最美的莫过于那一抹动人的真心的笑容。

古往今来，无数英雄竞折腰均为爱美人不爱江山。

回眸一笑百媚生，六宫粉黛无颜色！

人都会笑，美人一笑如若春风飘浮万里，动心一笑更是最美。相由心生，如若想要绽放最美的笑容，就需要做最好的自己，每天都让自己感到十分幸福，那将会比任何化妆品都有效。

周幽王为博褒姒一笑，不惜烽火戏诸侯，无数的小说文字也将灯光与人的微笑联系在一起，男主角女主角的相遇，也往往是那一抹灿烂的笑容而起。

生活不是小说，但不可否认的是，我们能够从小说中或多或少地找到我们现实的影子。

福随运来，心随兴转。一抹最真的笑容就如同在炎热的夏季饮了透心的凉冰，就如同徜徉在芬芳的花朵之中，一抹笑容，传递的不仅仅是心情，更是一种积极的乐观心态。

几年前的最美卖票姑娘，若单论容貌，算不上什么美人，与那些明星相比更是相差甚远，没有精致的妆容，也没有潮流的衣服，她之所以受人们的追捧，还是因为她脸上的那一抹最为动人的微笑。

微笑是国际通用的语言，是表达善意的方式，人们或许听不懂你说的语言，但绝对能够看懂你的笑容。

朋友是社会公益的爱好者，一次相聚喝茶，她说起了自己第一次参加公益活动的经历。

“那次探访的是孤儿院的孩子。”

她的脸上露出了一抹温馨的笑容，就像是母亲谈到自己的孩子一般，让我感到一丝的错愕。

“因为是第一次，而且还是在百忙之中抽出时间去的，心中一阵阵烦躁与讨厌。想到桌案上堆积如山的工作，恨不得立刻就飞回去。但后来见到孩子们的时候，我的想法彻底改变了。我还没有结婚，本来对孩子也没有什么概念，但当我进去的时候，那些孩子脸上的笑容让我心中一动。我总觉得那就是世界上最美的东西，那一声声的‘姐姐’与‘谢谢’就是最动听的语言。说真的，在那一刻，听着他们的笑声，觉得世界上没有什么比这一幕更加美好，也没有谁比那些孩子更可爱。”

从那次以后，她脸上的笑容就渐渐多了起来，好像这个世界上没有什么事情能够让她苦恼一般，以前没有觉得什么，再次相见，总觉得朋友整个人都散发着一种魅力，仅仅是听她的话，看她的笑容，心中的烦躁就会莫名被驱逐出去。

中医讲究“养生”，一个“养”字，无论是食疗还是运动，一个最为重要的因素无外乎保持心情愉悦，少生气，多微笑。

曾经看过一个老片子，其中一个女主角无论在任何时候都保持着笑容，她说：不管我哭还是笑，我的生活都是这样，哭了只是会让自己更加的恐惧与懦弱，我不想让人家看到我哭，所以，只能拼命地笑，那样就会感觉自己还活着。

虽然是影视剧中的人物，但她的坚强，她的毅力，她那种无论遇到什么事情都笑对生活的勇气值得我们很多人学习。

时代在发展，社会在进步，忙忙碌碌的都市已经很少能够获得清闲了，每天都让自己成为一个陀螺。要么定时定点地接送孩子、做饭，枯燥乏味，要么用各种昂贵的化妆品来维持自己的妆容，要么用勉强敷衍的笑容来谈妥一桩桩生意，却忘了真实的、真正的快乐是什么。

心灵的清澈是我们快乐的根本，人生在世，倘若只是让自己忙碌，那么走一遭，得到的又是什么？

年少青春，本就是一去不返，既然如此，又为何让琐事锁住我们的笑容，又为何让化学物质来装扮我们的容颜？纵使你漂亮举世无双，和单纯快乐相比，又算得了什么？

笑容美与不美，在于自己快不快乐。倘若心中愁苦万千，温婉一笑，也只是如同林妹妹一般让人疼惜。只有最为快乐最为真诚发自内心的笑容才如那绽放在高山上的雪莲，美丽动人。

笑容是我们最为真诚与美丽的东西，请不要让忙碌将人性最美的东西掩藏！

启迪人生

笑很简单，唇角微扬，便是淡淡的浅笑，如此简单而又美丽的事情，又何须我们费尽心力呢？最真的笑容，藏着的便是最美的自己！

5 给心情放个假，做大度的女人

在我们每个人的生活中，都可能有不能承受之重。如果在纷繁复杂的生活中徒劳地挣扎而深感疲惫，那么给自己的心情放个假吧。当一个人感到累的时候，他的心情一定比他的身体还累。无论我们做任何事情，我们的心情永远忠实地追随着我们。绷紧的弦会断，穿久了不换的鞋也会因过度使用而过早磨损。而我们的人生是件长久的事，为了将来，必要时我们一定要给我们的心情放个假。

要想给心情放假，就不要事事斤斤计较，那样我们会失去很多快乐。其实，生活中有些事情并不用太过在意，人一生的得失就像是手中握的沙子，只有以不计较的心态摊开手掌，做个大度的人，才能获得更多。

小肚鸡肠往往使人故步自封，心胸狭窄，小心谨慎。这样的人经受不住生活的磨难和打击，他们的意志极其脆弱。三国时期，那个大都督周瑜，肚量狭小，因此，诸葛亮才采用了种种妙计，以至于他发出“既生瑜，何生亮”的哀叹。难怪鲁肃说：“公瑾（周瑜）量窄，自取死耳。”

相反，大度之人心胸宽阔，海阔天空。他们广交四海之朋，坦坦荡荡，光明磊落。春秋战国时期的蔺相如，当了赵国的宰相，大将廉颇不服，多次羞辱他，而蔺相如为了顾全大局，总是忍受和回避，结果感动了廉颇，亲自负荆到蔺相如家请罪，从此将相和好，公辅赵国，以御强秦。蔺相如宽宏大度，赢得了廉颇的信任与尊敬。

《史记·高祖本纪》：“常有大度，不事家人生产作业。”明方孝孺《郑灵公》之一：“天下之事成于大度之君子，而败于私智之小人。”陆游说：“人生何适不艰难，赖是胸中万解宽。”人生不可能是没有风浪的，更多的时候是风起浪涌，怒潮击岸。小气的人怨天尤人，生活从此失去快乐，而大度者，坦然受之，让心灵得到平静，让美德射出光芒。大度是人的一种美德，它要求清心寡欲。康有为说：“人之心胸，多欲则窄，寡欲则宽。”难以容人者，大多是自私自利之徒。能忍能让真君子，能屈能伸大丈夫。古往今来，多少仁人志士，用言行诠释了大度何为。

子曰：“小不忍则乱大谋。”忍常人所不能忍，成常人所不能成，唯识量过人者能之。“君子坚守胸怀大度的贞操，而不拘泥于小节。”讲的就是处事的态度。我们女人做事也应该光明磊落，不忧不惧，心胸宽广坦荡。而不是患得患失，忙于算计，又每每庸人自扰，疑心他人算计自己，经常心绪不宁，这样自然离好心情越来越远。

《周易》中有这样两句话：“天行健，君子以自强不息。地势坤，君子以厚德载物。”说的就是做人处事要心胸开阔。林则徐说：“海纳百川，有容乃大。山高万仞，无欲则刚。”这成为当今许多企业文化、校园文化的精髓。

俗话说：“退一步，海阔天空。”量小失重友，度大集群朋。为人只有胸襟宽阔，才能赢得友谊，增进团结。也只有度量恢宏的人，才能解人之难，谅人之短，补己之过，从而产生强大的感召力，使人乐于亲近。法国著名诗人雨果认为：“世界上最宽阔的是海洋，比海洋更宽阔的是天空，比天空更宽阔的是人的胸怀。”大度为上，只有具备豁达的度量，人们才会像大海那样笑纳百川，像高山那样巍巍矗立，笑傲人生，搏击未来。

不管对于谁，大度都是一种美德。大度的女人，是自信的女人，是智慧的女人，也是美丽的女人。

哲人说：“人来到这个世上不容易，会遇到各种事，凡事要放眼思量，想通了是天堂，想不通就是地狱，既然活着，就要活好。”

大度是心灵的蜕变，是思想成熟的走向，是心态平衡的基石。女人大度也是睿智的，不怨天尤人，不会自命清高，不会与人格格不入；也不会因挫折举手无措。她们内柔外刚，刚柔并济，有种昂扬的姿态。不管是亲情、友情、爱情，她们会处理稳妥，笑脸相迎，在人生的路上平凡而不乏精彩。这种女人在异性眼里与众不同，深受厚爱，是异性生活中一道赏心悦目的风景线。她们懂得尊重他人，不会在朋友们之间摆弄是非，煽动人心，她们知道友情可贵。大度是一种美，是智慧中的一种柔和美，是生活中的一种脱俗与法宝；是人生当中的一种潇洒与风度；做个大度女人，达到一种尽善尽美的境界。

启迪人生

没有宽广的胸怀和气度，也是很容易流入琐屑与平庸的。而当你实现了豁达与宽容，自然会产生轻松与幽默，从而洋溢出一种性格的魅力。

6 独乐乐不如众乐乐

“我的世界为何如此无趣？”很多人会这样抱怨。答案很简单，生活中，你若不会分享，不懂得忧他人之忧，乐他人之乐，你就永远也尝不到生活的酸甜苦辣。分享是什么？“肯与邻翁相对饮，隔篱呼取尽余杯。”杜甫很好地阐释了这一点。诗人独在家中感到孤独，但此时，佳客盈门，诗人便将自己的喜悦毫不保留地分享给了对方。所以说，分享就是一种乐趣。

一份快乐，和他人分享，就有了两份快乐，再分享下去，就有了无数份快乐。懂得与他人分享的人，是高尚的人。只有与他人共同分享快乐的人，才会赢得友情、爱情、亲情，既能让他人感到开心，又能让自己在帮助他人的同时也感受到快乐。予人玫瑰手有余香。不会分享的人注定是一个孤独者，一个失败者。

孟子曰：“独乐乐不如众乐乐。”用和百姓一起分享音乐的理念来说“与民同乐”的治国大道理，事情虽小却是至理名言。对我们来说，虽然治国远一些，但我们依然会遇到很多与此有关的小事。小到家里唯一的一个苹果，大到一个催人振奋的好消息，是自己独自珍藏慢慢享用，还是拿出来与众人同乐。很多时候，也许只有分享了，才会有其存在的价值和意义，才让我们真正快乐。

佛度有缘人。何为有缘人呢？是有爱心和懂得分享精神的人。分享是一种无私的精神，是一种博爱的心境，一种思想的深度，一种生活的信念，是我们中华民族一直所推崇的理念。只有当你懂得了分享，你才能找到生活的乐趣，才能明白存在的快乐。

母爱之所以伟大，是因为母亲总能将自己知道和拥有的好东西分享给自己的家人，毫无保留。也许我们很多人都无法忘记放学回家母亲给我们买的好吃的，也无法忘记在母亲精彩故事声中安然入睡，也无法忘记外出时母亲谆谆的人生经验教诲……女人因为分享，身上母性光辉才更加耀眼，也因为分享才更显得高贵典雅。试想如果一个女人总是以自我为中心，处处自私自利，如何能够成为一家的典范。都说父母是子女的第一任老师，母亲相比父亲与孩子相处的时间更为长久，一颗没有分享之心的女人，如何让自己的孩子学会分享，懂得“众乐乐”的道理，享受到分享人生的至高乐趣。

有一位美国农民在南瓜品种大赛上得了大奖，回来后，他把获奖种子全部分给了村民，这样，村民改良了南瓜品种，他也不怕邻近的较差品种传给自己了。他的举动是一举两得的智举，原因就在于他懂得分享，既幸福了大家又快乐了自己。

千百年来，男人总会认为漂亮就是一个女人的最高荣誉，最大资本，只要有幸得到这一点，其余便不必再求了。居里夫人已具备漂亮这一资本，但是，她没有利用这一点资本，她的战胜自我也恰恰就是从这一点开始的。为了做科学研究，她甘愿让酸碱啃蚀她柔美的双手，让呛人的烟气吹皱她秀美的额头。她本来可以就在她发现镭后申请专利，从而获得大笔财物。可是，她没有这样做，而是毫不犹豫地将镭的提纯方法公布于众。分享让居里少了很多财富，却让她成为登上法国科学院讲台作报告的第一个女人。她高尚的品格就像她杰出的科学成就一样，在人类文明史上闪烁着令人崇仰的熠熠光辉，让我们不得不肃然起敬！

启迪人生

这个世界因为有了分享才变得如此的美丽，无论你与人分享的是快乐或是痛苦，是欢笑或是眼泪。生命因分享而充实，因分享而充满激情，因分享而多姿多彩。因为，分享是快乐的！

7 平常心常伴，快乐自然来

何谓平常心？平常心就是一种坦然淡定的生命境界。拥有平常心的人，他的人生一定是最幸福、最快乐的。生活因为平淡而简单，以平常的心态来调整自己的生活，微笑着面对现实生活中的有与无、得与失，让自己收获一份简单的快乐，这样生活就变得很轻松很愉悦。

老子说："为无为，事无事。无为无不为，无事无不事。"少一些得失，多一些平常心，要做到心态良好，实在不是一件容易的事。

《道德经》第八章提到，"上善若水，水善利万物而不争，处众人之所恶，故几于道。居善地，心善渊，与善仁，言善信，政善治，事善能，动善时。夫唯不争，故无尤。"

老子还告诉我们，只有拥有充足的知识和无比的智慧，把快乐建立在对事物通透的认识和理解上，看透事物发展的规律，明白无情欲望带来的后果，及时终止自己的欲望而免遭损失和灾难，才会获得长久的平安富足和快乐。“故知足不辱，知止不殆，可以长久。”一个人的快乐，不是因为他拥有的多，而是因为他计较的少。人生短暂，不要浪费时间去为尘世间的荣辱得失，是是非非，恩恩怨怨而烦恼，只要我们问心无愧，只要我们付出了努力，也就无怨无悔了。

《道德经》中说，“祸莫大于不知足，咎莫大于欲得，故知足之足常足矣。”意思是知道满足，就会快乐。

一老人在高速行驶的火车上，不小心把刚买的新鞋从窗口掉了一只，周围的人倍感惋惜，不料老人立即把第二只鞋也从窗口扔了下去。

这一举动令众人大吃一惊。老人解释说：“这一只鞋无论多么昂贵，对我而言已经没有用了，如果有谁能捡到一双鞋子，说不定他还能穿呢！”显得多么平静和自如。

如果当时老人不是这么想，也像众人一样感到很惋惜，会有什么样的结果呢？心态不同，得到的结果会截然不同。一苦一乐，一静一乱。关键在于，对事是执是淡，是为己还是为人。想法不同，天壤之别。正所谓“天堂在人间，想开了可进；地狱在人间，自寻烦恼犹如下地狱”。

宋代的范仲淹《岳阳楼记》中所推崇的“不以物喜、不以己悲”的道家思想，讲究淡然的心态，是一种思想境界，是古代修身的要求。即无论外界或自我有何种起伏喜悲，都要保持豁达淡然的心态。

张果老成仙以后，每日在民间寻访度化。一天，他走到一个村口，看见一对年老的夫妇在摆摊卖水。于是他就走上前去，借买水的时候跟老夫妻搭话。他问他们日子过得怎么样，老夫妻都说很贫困。他又问有什么愿望啊，老夫妻都说要是能开个酒店卖酒，日子就好过了。张果老就告诉他们说，在你们村旁的山顶上有一块形状非常像猴儿的石头。石头旁边有三个泉眼。现在三个泉眼都被灰尘堵上了。你们明天去山上把灰尘都清理出来，泉眼就会自动流出有酒味的水来。他又给他们一个葫芦，说就把这个葫芦装满就可以了。第二天天还没亮，老夫妻两个就爬上山去，找到了张果老说的那块石头，打扫净了泉眼，看见果然有水流出来，舀一点尝尝果然是酒味。老夫妻两个大喜，装了一葫芦就回去卖了，恰好能卖一天。他们两个就这样天天上山装酒回来卖。日子渐渐好起来，不知不觉一年过去了。这天张果老又来到这个地方，他问老夫妻现在日子过得怎么样啊，老夫妻说，嗯，自从听了你的话找到酒后，日子过得还可以。就是没有酒糟，不能喂猪，不然就更好了。张果老听后，摇头叹息，念出一诗："天高不算高，人心比天高。清水当酒卖，还嫌没有糟。"飘飘然去了。从此以后，山上的泉眼就枯涸了，再也没有水酒涌出来了。

这个世界很简单，复杂的只是人心而已。人心其实也不复杂，只要别构思过度就行。事实上，我们并不需要想的那么多。在我们身边，为数不少的女人都有这样一个错觉，以为自己生活得不太幸福是因为自己太强太能干，被家庭和社会所不容。其实，何不在自身找找原因呢？有的时候恰恰是因为缺少一颗平常心，对自己的得失过于计较，把个人的成功看得太重，由此变得凡事都争强好胜，非分出个高低输赢不可。作为女人，更没有必要想那么远，没必要把自己变成一个不停运转的机器，我们只需要静下心来，让思维跟生活变得有条理、有顺序，简单与惬意的生活自然向我们走来。

拥有平常心的女人犹如涓涓细流，虽然缺乏张扬的气势，却多了聚水成洋的韧性，她的迷人来自秀外慧中的外表与内涵。经过爱情的洗礼、家庭的熏染，她形成了自己独特的风格。拥有平常心的女人的美感与优雅在举手投足间自然流露，她用双手将岁月的光彩织成一朵永不枯萎的小花静静地别在胸前，一缕幽香沁人心脾。

无论处于何种环境下，都能拥有平常心，那一定是个了不起的女人，就如孔子所赞美的，不是个圣人，也是个贤人。只要我们努力，就能以平常心去对待纷杂的世事和漫长的人生。在我们的日常生活中，愈是具有平常心的女人，生活愈能幸福，而那些整日斤斤计较、患得患失的女人反受生活所缚。做幸福女人，有气质的女人，应有一颗平常心。

我们也只是一个凡夫俗子，不能保证自己能时刻凌驾于一切之上，高高地俯瞰人生。但是至少，我可以常常提醒自己：得意淡然，失意泰然，如此，便能拥有一份属于自己的欣喜和淡然。

启迪人生

一切的经历都是人生之中平平常常的风景。用一颗平常心去面对每一次机遇，每一个挑战。“世上本无事，庸人自扰之”。只要安住当下，过好每一天，知足常乐，就是莫大的幸福。人生路漫漫，平常心相伴。知足乐常在，心宽福自来。

8 走自己的路，让别人说去吧

走自己的路，让别人说去吧！

但丁的这句名言，风靡全球，不仅是在当时，在当下这句话也被很多人当作座右铭。

人生直到死才算是终结，从懂事到上学，从毕业到从业……需要我们面临无数的选择，是坚持自己的信念，走自己喜欢的道路，还是听从别人的劝解，轻易地就将自己的规划全盘打破？

孔子曰：“三人行，必有我师焉；择其善者而从之，其不善者而改之。”

《论语》是我们的瑰宝，其中的道理与为人处世也异常精辟，当孔子的至理名言与但丁充满了锋芒与锐利的话结合起来的时候，方才是我们最为正确的选择。

一味盲目去追寻自己想要的结果，而不考虑现实的客观因素，那就不是但丁的洒脱与锋芒锐利，而是一味愚蠢地拒绝了所有人的好意劝说。

“走自己的路，让别人说去吧”，并不是一味地坚持自己的理念与信念，也不是夜郎自大，将所有的人都当成蠢货，唯独自己清明，这是自信的一种体现，是建立在遵循客观规律、有着足够的能力与天分去坚持自己的道路。

刘晓庆以高龄来扮演一个年若盛花的少女，引来了无数的诟病与调侃，但她仍然也让我们看到了她精湛的演技，为我们再次创造了一个个生动的角色，倘若她纠结于她的年纪，在乎外人对她的看法与评价，那么当日武则天的风采又岂能再现？

熟识的一个朋友在网络连载小说，当所有的人都将她的书判了死刑的时候，她仍然在认真地坚持着，最后网站各种推荐不断，甚至还有专人与她商谈游戏的改变，几月辛苦，一朝回报。她曾说：只要认真做自己想做的事情就好了，每一个字每一句话都是我用心写出来的，所以我成功了。

走自己的路，有人喜欢，也会有人讨厌，对于写手来说，这一点尤其明显，不管你有什么样的成就，那些谩骂的人总是少不了，在许多的电影作品中，我们也同样可以看到许许多多关于这样的例子。

春秋战国之际，百家争鸣，标新立异，无数学说蜂拥而出，每家学派的代表人都努力地宣扬的自己的学说。墨家思想“兼爱、非攻”，但他们致力于研究机关之术，攻城守城，闻名天下。

著名的电影墨攻中，刘德华所扮演的角色不禁招人非议，他替人守城，但也同样替别人守城，今日的同伴，明日的敌人，即使知道皇帝会迫害自己，也依然坚持替人守城。或许很多人会说他蠢，会说他愚笨，但对他而言那是他自己的信仰，是他毕生所活着的追求，在其位，谋其事，活其人，谋其路，不管别人理解也好，不理解也罢，他只是为了自己的信仰而活，忍受着猜疑与设计，走一条自己命中注定的路。

在电影的世界，大多数的人都知道一个人的名字——张艺谋，这个对中国的电影做出卓越贡献的人，开始忍受的也是非人的诽谤与谩骂，但试想一下，如果不是他对自己的肯定，如果不是他顶住了外面的层层压力，而是因为别人的言行而轻易地改变了自己的道路，那么也就没有我们后来看到的红高粱，也就没有以后一部部精彩的影视供我们欣赏。

凡人，被琐事缠身，被选择困惑，被前途所扰，总是充满了不同的麻烦，才被称之为凡人。

我们的每一个选择都可能对我们以后的人生至关重要，在确定自己的选择的时候，不妨“择其善者而从之”，认真地反复思量，当心中对自己所走的路坚定不移的时候，那方才是我们所选择的最为正确的道路。

我们现实的生活之中，太多的人被金钱与权力蒙蔽了双眼，麻木与千篇一律的生活让很多人开始慢慢地放弃了自己原先的坚持。

自我怀疑与外界的环境是让我们走弯路最主要的因素，往往很多时候我们都在迷茫，不确定自己所坚持的路是不是正确的，也不确定自己能不能坚持下去。

走自己的路，让别人说去吧！

看似简单的一句话，实则蕴含着极大的自信与坚持。

成功不是说说而已，需要我们努力去做，专一而精，是古人留下的一句劝导之言，与其朝三暮四、游移不定，倒不如认准一条路，一往直前！

启迪人生

人生百态，不一而足，我们所选择的路有赞美的就会有辱骂的，因此，走自己的路，让别人说去吧。你有你的思想，我有我的路途，有了坚定的信念，即使一片荆棘，最终也会灿若夏花！

第二章

国学中的“和气”秘诀，轻松惬意做优雅女性

和气是一种谦和态度，和气是一种品性修养，和气是一种辽阔的心境，和气是一种善言善行，和气是一种为人处世的智慧，和气更是一种达观。古人说，人能诚心和气，胜于调息观心。来自外界的纷扰实在是太多，女人要学会保持纯真的心性，言谈举止间才能温婉柔和、自然愉悦。要知道，境由心造，有爱心的人必生和气，有和气的人必生愉色，有愉色的人必生婉容。

1 谦和的态度，温润的表达，成就优雅的你

谦者，谦虚也，谦让也。中国人自古就懂得“满招损，谦受益”的道理。老子曾以江海处下而为百谷王的事实，告诫人们不要“自矜”、“自是”。

孔子言：“礼之用，和为贵。”《中庸》也把“致中和”作为极高的道德境界。“和”被认为君子的重要品质：“君子和而不同，小人同而不和。”

古人常以谦谦君子来形容一个人的品行气度，谦和是中华民族的传统美德。

清康熙年间，大学士、后人称为“老宰相”张英的府第与当地望族吴姓人家相邻，吴姓盖房欲占张家的地，双方发生纠纷，告到县衙，县官判案时只说按照相爷的意思办。同时，张家人给在京城做高官的张英写信求助，张英读完信后，立即批诗寄回，曰：“一纸书来只为墙，让他三尺又何妨。万里长城今犹在，不见当年秦始皇。”张英家人细读回书后，豁然开朗，主动退让三尺地；吴氏一家也深受感动，也让出三尺地，于是就形成了一条六尺的巷道。

六尺巷传说表面上是张英借秦始皇修筑长城的事实，告诫家人要谦和礼让，与邻里和睦相处，更重要的是体现了古人先贤的处事智慧。

除了六尺巷的美谈，中国还有很多与谦和相关的典故，比如孔融让梨、三顾茅庐，这无一不体现了古人“和”的智慧。

古代女性也把“谦和”作为自己修身养性的标准，比如历史上有名的长孙无忌皇后就是一个非常谦和的人，受到了唐太宗和臣子们的爱戴，于己可以修身养性，于夫可以贤惠持家，于臣子可以温柔和蔼。

韩国总统朴槿惠以优雅、谦和著称，其深深地受到中国传统谦和文化的熏陶。朴槿惠保留了韩国传统女性的美德，端庄贤淑，朴素谦和，每每在电视里见到她，总有一种清风拂面的感觉。日常生活中，她严守道家的养生说，穿最简单的衣服，吃最简单的食物，且从不吃饱。她秉守儒家的中庸之道待人接物，言语不多，语速也不快，对人不显热情，也绝不冷淡。她推崇冯友兰儒道兼修的观点。

谦和是一种力量，谦和也更接近高尚。漂亮只是一个女人外在的框架，修养才是真正的魅力本质。有修养的女人，心灵中永远投射出谦和、大度的智慧光芒，优雅从容地站在人群中，无论走到哪里都能吸引人们的目光。

她们拥有足够的亲和力，还知道如何温润地表达。试想如果一个女人永远一副咄咄逼人的架势，是绝对成就不了优雅的，太过直接则过于刺耳；言语激烈则过于强势，不一定能起到好的效果，正所谓“有理不在声高”。

有一次和朋友开车出游，途中前方出现异常情况，不得不紧急刹车，不料后面的车因尾随太紧，两辆车有了一点轻微碰撞。后面的司机怒气冲冲地跳下来，嫌她刹车太急，继而又大骂朋友，还说朋友驾驶技术有问题。朋友自始至终除了道歉的话再无一语，直到那个司机骂得无趣了，扬长而去。我事后不解地问她：“那人如此无理取闹，你为什么不解释，不还嘴？”朋友说：“在那种情况下，我如果再斤斤计较的话只能把事情越搞越糟。”

朋友的一句话点醒了我，大智者必谦和，大善者必宽容。一个微笑、一次沉默、一个温和而又有态度的声音，常常比责骂、怒斥、咄咄逼人强千倍万倍，正所谓“不怒而威”，这是一种高雅、一种大气。就好像《红楼梦》里的贾母，表达不悦，一个眼神就足够，不需要言语太多，过多的言语，反而有失身份。

谦和，并不意味着退却不前或懦弱可欺，而是一种风度，一种教养。正所谓“温”“良”“谦”“恭”。

在谦和的态度下，我们还需要注意自己的表达方式。思想，总是要通过言行来体现的，温润的语言正是对谦和心境的最好表达。

女人在从容言行、谦和态度的光环下，必然高雅、得体，宁静处但见幽韵飘然，娴静中唯觉暗香隐约。

启迪人生

古人说上善若水，而女人是水做的，因此，女性态度谦和、语言温润更有力量，这是一种柔性的以柔克刚的力量。

2 修身也有境界，带给你不一样的自己

孟子曰：吾日三省吾身。说的是不断反省自己，找到自己的错误，加以改正。修身养性，往往是在一起说的，通过自我反省，使身心达到完美的境界。

正如同修为是分层次的，修身也同样有着不同的境界，每一个境界都会让自己得到升华，从而不断地挖掘自己，时时都会感觉到自己的变化。

浅层次的修身，即让自己的身材看起来很好。

爱美是女人的天性，每个女人都希望自己能够拥有完美而窈窕的身段。节食、运动、减肥药……办法层出不穷，可很多人减肥却是将自己的身体健康抛到了脑后，这是最浅层次的修身，也同样是很多人所使用的方法。

根据研究显示，女性太过瘦弱，将会影响生育能力，古时的赵飞燕，传说她身轻如燕，在亭阁起舞之时险些被风吹落湖中。纵使有使用药物的原因，但后人猜测，她之所以不孕也是因为身体太过瘦弱的原因。

只是为了追求身材窈窕而将所有的东西都忽略，是第一层次，也是最浅层次的修身。

第二层次便是类似健美操以及瑜伽类的修身，在修身的同时，也进行着浅层次的养性。

瑜伽通过呼吸调息、动静平衡、身心统一等要诀来刺激身体恢复本身的自觉与自愈，改变人的亚健康状态。瑜伽是一个通过提升意识，帮助人类充分发挥潜能的体系，关于瑜伽传奇性的说法也很多，在以前，瑜伽作为一种武术，不仅可以健身，更可以伤人。大家所熟识的明星孙俪也是瑜伽的爱好者，曾经在一期《快乐大本营》上，她本人也曾经透露，是怎么吃都吃不胖的体质，身体的柔韧性更是惊人。

想到孙俪，首先想到的就会是她清秀的容颜与开朗的笑容，纵使面容有化妆的效果，但那份清爽是十分难得的。

第三层次便是从根本上修身。

动静皆宜，两者相互统一、循环，方才生生不息。

从古至今，生生不息之道一直沿传，古时讲究的便是一个平衡之道。

人的五脏六腑有不同的功能，夏秋食补，调理气血，使肤色红润，避免体内疾病。

就中医观点而言，睡眠是平衡人体阴阳的重要手段，是最好的节能，也是最好的储备及充电，更是消除疲劳、走出亚健康的养生第一良方。

中医睡眠机制是：阴气盛则寐（入眠），阳气盛则寤（醒来）。所以夜晚应该在子时（21～23点）以前上床，在子时进入最佳睡眠状态。因为按照《黄帝内经》睡眠理论，夜半子时为阴阳大会、水火交泰之际，称为“合阴”，是一天中阴气最重的时候，阴主静，所以夜半应长眠。

夜班的工作者无可避免地没有正常的休息时间，但很多人是因为这样那样的娱乐习惯了晚睡。没有长期的充足睡眠，没有一个规律系统的生活方式，无论怎样调养都也只是暂时之道。

第四层次，身心结合，从身体健康到心理的修养缺一不可。

一个好的身体就是我们生活的本钱，自古以来身与心很少分开。

修身养性，身心舒畅等众多的成语都让这两个字如同连体婴儿一般分都分不开。

诸葛亮言：静以修身，俭以养德。生气是健康最大的敌人，所谓的静便是平心静气。从无数的古装剧里面，我们不止一次看到过，太后都善拜佛，除了祈福之外，更为重要的便是静心。心静自然健，身健之后方能养心，于静中体会人生百味，每一次看自己都感觉会是一种升华。

养生讲究的是由内及外，先调理内腑，气血畅通，面色也自然红润健康。

在修身之前，我们需要先修心，然后由心及身，拥有了健康的身体，才能开始塑造自己美好的身材。

闲来无事，登登山，喝喝茶，不妨约几个朋友，寻一处茶社，品几杯香茗，聊一聊家常琐事，或者捧几本书，静卧于沙发之上，读一读先贤的教诲，洗涤心灵。

启迪人生

人总是不停地发现自己会慢慢改变，没有谁敢说对自己百分百了解，女人爱美，但在爱美的同时最为重要的还是修炼己身，这里的身，不只是身段，更是健康与涵养，一个知性优雅的女人，无论何时何地，都是最为亮丽的风景！

3 辽阔心境，你的世界才能装下更多

面对草原的辽阔，我们通常都会生出一种渺小的感觉；面对戈壁的荒凉，除了空荡，更多的便是荒凉。

人心如同芥子一般，看似小，实则可以装得下这天地万物。

人之所以累，是因为他们想的太多，装的太多，有很多放不下的东西，想要谋求的也太多。

常常用闲云野鹤来形容自己身心自由的人，这是心的辽阔，无欲无求，仅仅是放松地看一看这大千世界。

闲云之所以被人羡慕是因为它们只顾云卷云舒，惬意无比，好像没什么东西可以将它们的悠然打破；野鹤之所以会被人羡慕是因为它们所求至少，有一汪清泉，几丛野草，几尾小鱼，能够维持自己的生活所需便已足够。

不是我们的世界太小，是我们填充的太多。宰相肚中能撑船，能够成大事者，必定心胸宽广，他们能容常人所不能容，心胸宽广，无欲无求。

当然，无欲无求也只是相对而言，不是真的一味随波逐流，什么都不去想，而是类似道家的“无为”之说，不是不为，而是不去强求，顺其自然，自己能够争取的就去争取，争取不来也不忧心，得之我幸，失之我命，用一种淡然的心境去面对所有的事情，我们会收获更多。

没有私心的困扰，我们做的一切都是值得的，无愧于心，心境自然异常辽阔，就如同那不染丝毫污垢的白雪，心旷神怡。

如今的微博是明星的另一个战场，各种传闻从微博上不断蔓延开来，新闻中，某位女星因为与微博上的网友较真，不知哭过多少回，有热心的网友纷纷留言：与网友较真，你就输了！

在人与人的交往中，心境往往是十分重要的，因为我们每天都要遇到各种各样的事情，或者会在心里添堵，或者会让自己久久不悦，过了之后想想，其实又何必？

人活着其实就是要活出乐趣，这样那样的事很多时候根本就不需要去理会，也不可能所有人看你的眼光都是厌烦，也不可能所有人看你的眼光都是喜欢。自动屏蔽外界的某种不善，我们依然都在生活。

看到过这样一段话：人生在世不称意，回头想想又何必，儿孙琐事由他去，亲朋好友不要比，别人生气我不气，气出病来无人替。

这是劝导人不要生气的。其实认真想来，凡事的确不用太过计较，斤斤计较，苦的是自己，别人的生活不会发生任何改变。其实生活十分简单，你对它笑，它就充满欢乐；你对它哭，它就满溢悲伤；你烦躁多事，它就暴躁不平。

无法像鸟儿一般徜徉天空，无法像鱼儿一般曳尾大海，那就做都市中的一只野鹤，只要想着自己与朋友幸福就好。

不要埋怨生活总是忙碌，当你清闲自在就知道，忙碌也是一笔财富；不要攀比别人太过富贵，有吃有喝，有自己的小窝，麻雀虽小，五脏俱全，也是一种别人羡慕的充实；不要埋怨命运对自己的不公，命运是公平的，佛家讲究因果循环，你比别人差，是因为你不够努力，所以，努力过好自己的生活就好，何苦用自己来比别人？又何苦用别人的生活来衡量自己的日子？

佛祖拈花示众，唯迦叶嘴角含笑。

世人都曾猜测，迦叶到底悟了什么？苦苦思索不得结果，因此让自己陷入了怪圈。其实我们又何必纠结别人的答案？那样不免就陷入佛家所排斥的“执念”！他所悟的是他的，我们所悟的是我们的，心境辽阔，让阳光驱散阴霾，我们能够获得别人所不能拥有的财富。

启迪人生

天下之大，我们皆可装下，思想飘飞若柳絮，轻轻扬扬，无所私求，我们心境辽阔，自然就会淡对各种挫折，任由狂风暴雨，自会屹立不动！

4 送人玫瑰，手有余香，善行结善果

在中国文化的传统观念里，“善有善报、恶有恶报”是一个很重要的主题，也是激励和指引社会大众向善行善、心怀善心的重要命题。《三字经》中说“人之初，性本善”，相信每个人心底都有一颗善良的种子，每个人生来都是善良的。

据报道，在一个实验中，科学家手里的衣服夹子掉在地上，一个刚学会走路的孩子过去帮他捡起来，并且还给他。这个简单的实验证明，仅有18个月大的孩子也具有帮助他人的无私品质和善良本性。

善良是人的本性，无须解释。善良是赤子的初心，也是每一个人都具有的美德。心怀善良，也会收获善良；付出善行，也会结出善果。播下一粒真善美的种子，收获的将是闪光的灵魂馨香。善心只在一念之间，而善行所结下的善果，芬芳馥郁，持久弥香。“送人玫瑰，手留余香”，帮人就是助己。

故事发生在荷兰的一个小渔村里。这天晚上月黑风高，海上的暴风打翻了一条渔船，在紧要关头，船员们发出了SOS紧急求救信号。小渔村的村民们听到消息后立即组织起一支救援队，前去营救落难船员……

过了一个小时，救援船透过迷雾渐渐抵达沙滩。这时，自愿救援队的队长告诉村民们：由于救援船无法承载所有的落难船员，现在还剩下一个人，队长要另一队自愿救援者前去搭救。

话音未落，16岁的汉斯应声而出，而手臂却被母亲紧紧抓住，“求求你不要去，你的父亲10年前在船难中丧生，你的哥哥保罗三个礼拜前出海，现在音讯全无。汉斯，你是我唯一的依靠啊!”

汉斯回答道：“妈妈，我必须去！如果每个人都说‘我不能去，总有别人去的’，那会怎么样？那他们就不会有人救了。妈妈，这是我的责任。当有人需要救援，我们就得轮流扮演我们的角色。”

汉斯吻了他的母亲，加入队伍，消失在黑暗中。

又过了一个小时，汉斯的母亲心急如焚。最后，救援船驶过迷雾终于出现了，汉斯正站在船头。队长把手围成筒状，向汉斯叫道：“你找到留下来的那个人吗?”

汉斯高兴地大声回答：“是的，我们找到他了。告诉我妈妈，他是我哥哥保罗。”

这个故事让人感动，也让人如醍醐灌顶般猛醒：帮助他人实际上也是在帮我们自己，付出善行就会结出善果。美丽而芳香的玫瑰虽然送了出去，但香气留在我们的手上，萦绕在我们的心里，芬芳恒久不退。

女人是美丽的风景，更是善良的代言人。一个优雅的女人也必然是善良的，因为善良，她的言行才会发自内心地柔和，心地则永远清澈。

启迪人生

送人玫瑰，手有余香。当我们赠送他人玫瑰的时候，我们的手上也弥漫着芳香；当我们为他人点亮一盏灯的时候，其实也将自己的路照亮了。

5 清理和自己能力不相符的欲望，我是幸福的我

人心不足蛇吞象，人的欲望是无穷无尽的，甚至有很多人永远都不会感到满足，有了房子想要车子，有了车子想要更好的房子与车子……无穷无尽，周而复始，满足了物质上的欲望，便又开始追求精神层次的欲望，好像永远都没有终点。

被欲望填满的生活是忙碌而又劳累的，好像自己已经不是自己，如同一个被什么东西操纵的傀儡，茫然而过，紧绷绷的恨不得将时间掰成无数块，用来填充那永远无法满足的空洞。

有一小则寓言故事：在很久以前，三个人在沙漠之中迷了路，他们走啊走，食物已经吃完，水也已经喝完，就在三人都绝望的时候，一个神秘的瓶子出现在他们眼前。

瓶子里面的精灵说："我可以满足你们每个人一个愿望。"

第一个人许愿回了家，第二个人也许愿回了家，到了第三个人，他也想回家，但是看到精灵如此灵验，他开始起了贪婪的心思：我的愿望是再多三个愿望！

精灵大怒，斥责人类的贪婪与无知，于是消失无踪，第三个人再也走不出沙漠了。

倘若开始的时候，他只是要求回家，也不会落到这个下场。

每个人的要求其实都很少，我们的生活中既没有灵验的精灵，也不会有如同在沙漠迷路的死路，简简单单的生活始终是轻松而又安全的，我们不需要太多的要求与欲望，只要能够简简单单幸福快乐地生活就是最为幸福的人生，其余的东西，也只是自己生活中的一些点缀。

《维摩经·菩萨行品》说："以智慧剑，破烦恼贼。"佛教喻智慧如剑，能斩断一切烦恼。

与自己能力不相符的欲望就如同镜中花水中月，只是看着，却永远都不可能触摸到，如同佛教而言的三千烦恼，而我们的智慧则是舍弃。

舍得舍得，有舍才有得，一味贪婪最后也会如同那则寓言故事的人一般，最后仍然处于困顿的状态，什么都得不到。

人的身体就像是一个杯子，里面已经填充了太多的东西，能够容忍我们欲望的也只是一小片的地方，填得太多，难受的只是自己。

人的精力也同样是有限的。

以文字作为工作的人，几乎每天都需要疯狂地敲打键盘，如果不是收入特别多，同时写两本也是常有的事情。最为可怕的事情便是那不停冒出来的灵感，不断冒出来的想法就像是自己的孩子一般，不想舍弃，却又没有那么多的时间与精力照顾所有的想法，所以便用这种方法来发泄自己的不满。

网络小说题材众多，每种题材都想尝试，最后的结果便是一无所得。

舍弃虽然痛苦，但我们毕竟要做出抉择，与其一事无成，不如现在痛一下，选择自己最为擅长的题材，然后专一而精！

我们的欲望就如同这源源不断涌现出来的灵感，每一个都想要，却没有那么多的能力与精力顾及这么多，只能徘徊在选择的边缘，不断游离，带着自己那原本可以完成的欲望一起沉沦。

在最近热播的电视剧《红高粱》中，恋儿喜欢余占鳌，她愿意为了自己男人的荣华富贵做任何的事情，她只是想要简简单单的安静与安全，但在那个动乱时代，这种最为简单的愿望却偏偏是十分奢侈的，根本就不可能实现。

她拐骗了余占鳌的女儿送到了敌人那里，愚蠢到让观众发指，正因为她的行为，才带来了一件件悲惨的事情。

倘若她从一开始就没有这种奢侈的欲望，事情也就不会如此发展。

清理和自己能力不相符的欲望，不仅仅会让我们的人生变得轻松，更为重要的是，将身上的包裹猛然卸下来的时候你就会发现，生活要比你想象的幸福太多。

启迪人生

生活就如同一杯醇酒，无欲无求是最原始的味道，当你填充了太多的味道，就会慢慢地不像是酒，而是连你都猜不出的东西。所以，我们要懂得量力而行，我们的能力就是一把尺子，过界的欲望就如同盛开的罂粟，一步步地吸引着你，如同附骨之疽，甩都甩不掉。将那些东西清理出去，还自己一个轻松自在，我们就是十分幸福的。

6 珍惜拥有的，惜缘、惜福才聪明

匆匆忙忙数十载，就是我们人生的终结，当我们成熟的时候都知道一个道理：时间看似难熬，实则转瞬就过。

写书的朋友时常感叹：一个月的时间感觉好快，只是眨眼之间而已，掰着手指算，也不过就是四次通知罢了。

上班族更是如此：一个月，也不过是睡几次懒觉就又是一个开始。

一个聪明的女人，要学会在这有限的时间里做更多的事情，让生活充实，不碌碌而为。我们走的每一步都为自己或者家人的未来做着铺垫，每时每刻都让自己以及身边的人感到浓浓的幸福。

人生在世，最为重要的便是“珍惜”二字。

“父母在，不远游”，在于一个孝字，珍惜自己的父母，尽自己的孝道。

“子欲养，而亲不在”，是多么的后悔与悲凉，人在时不懂得珍惜，时间一去不复返，上天不会可怜我们碌碌的凡人，也不会让时间倒流，让我们重新活过。

有一则公益广告，老人家看着自己的儿子上学、远走上大学、工作、娶亲、生子、又将自己的孙女儿拉扯大，她始终都只有一句话“等你大了，我就享福了”！

老人家珍惜自己的儿子，细心地为儿子经营着生活，她没什么后悔的，但作为小辈也只是一句话，“等我长大了，您就享福了”。

等这个字，不知寒了多少人的心，也不知有多少人等着等着就永远都等不到了。

千万不要以为我们的时间很长，其实我们的时间很短，短到当你回想以前的时候会感觉如同做了一场梦一般。

“莫要错失眼前人”，无数的影视剧中算卦之人，庙宇解签之人对主角说过这句话，珍惜你眼前的人，幸福其实也就是触手可及。

所谓惜缘，便是珍惜我们在茫茫人海中遇到的那些人，用心善待我们的朋友，珍惜这难得的相遇。

佛家言：百年修得同船渡，千年修得共枕眠。今生的一次擦肩而过是前生千百次的回眸。因此也有人戏言，我前生是回眸了多少次才能在人群中又遇到了你。

人与人之间的缘分是异常玄妙与奇怪的，人与人的关系也始终需要经营。因为人会变，十年前的姐妹淘在十年之后重新见面，可能永远都不会找回当初的那种熟悉感，因为你们之间已经失了缘分。

许仙与白娘子谱出的恋曲荡气回肠，让人感动，前世的报恩牵扯出的一段人妖绝恋。断桥相遇，共乘一船，一把伞像是一条线，将许仙这个“傻小子”与白素贞彻底地牵绊在了一起，从此再也逃不过。

最为广泛的缘分，便是高中或者大学的开学，一个寝室的姐妹，一个班级的同学，由陌生渐渐变得熟识，也是几年相互扶持，工作之中还可能会互相帮助与安慰。

这是求不来的缘分，亦是需要我们珍惜的朋友。

所以，在百忙的时候，抽出哪怕那一点点时间，给朋友打一个电话，倘若在同一座城市之中，相互约好一起逛逛街，不要让这人生难得的知己朋友与自己失之交臂。

一个聪明的女人，除了懂得自己拥有的家人，懂得自己遇到的缘分，还懂得满足，懂得惜福。

我所理解的惜福，便是从平淡的日子里面找出自己所拥有的幸福，从爱人的缺点中看到他的优点，并且感叹，自己是多么的幸运才从茫茫人海中遇到真爱。

红尘滚滚，相遇本就不易，相爱更加困难，在这个被物质充满的世界中，所谓的真爱似乎已经变成了一个笑话。

朋友是一个很挑剔也很需要足够的自由空间的人，但就是这样一个人却用婚姻将自己永远地绑在了一个男人的身边。

“他值得，我不确定错过了他，还会不会遇到这样一个人，所以我就嫁了，一个不懂得将自己的幸福与欲望握在手中的女人就太过可怜与愚蠢了！”

这是她说的一句话，仔细想来也有一定的道理。

在微博上，我们常常看到明星大秀恩爱，在为他们感到高兴的同时，也不免会看到几句异常煽情的话。

“我会永远对你好，珍惜你，拥有你就是我最大的幸福”！

“我很幸运，从茫茫人海中抓住了你的手，从此不离不弃。”

故事中最为动情的便是那矢志不渝的爱情，生活中最感动的也莫过于白头偕老，不离不弃。

惜缘、惜福、珍惜眼前拥有的一切，才是一个聪明的人。

启迪人生

繁华落尽，斗转星移，人生匆匆，倘若我们也过得匆匆，不知会有多少遗憾与后悔，珍惜身边的一切，做一个懂得经营人生与生活的聪明之人，我们便是最幸福的女人！

7 很多时候我们都累了，需要安静地释放，智慧地清理

人的一生忙忙碌碌，为生存，为名利，为家庭，为事业，然后回过头来品味爱恨情仇、成败得失，是否有一天会发出一声感叹：这样忙碌的人生，到底价值在哪里？佛经中说，人在现实中修行，必要满足一个条件——“暇满”，也就是要有清闲的时光，清闲的身心，让追逐名利忙忙碌碌的心慢下来、淡下来、闲下来，这是回顾人生和省察心灵的必要条件。人生，只有不断清空，才能腾出时间，闲下心境，去装宝贵的智慧和光阴。

一首摇滚歌名叫《假行僧》，里面这样唱道：“我要从南走到北，还要从北走到黑，我要人们都看到我，却不知道我是谁……”当代社会，很多人外出谋生，很多人选择出国淘金，很多人定居海外，当地球真的成了一个村，当全世界的文明都被放在同一处对比，处于发展中国家的中国，刚刚摆脱贫困奔小康的人们不免焦躁、不免轻浮，女人们变得和男人一样，男人们变得跟超人一样。

曾在杂志上看到北京一位名叫王雅麟的女金领的专访文章，标题是“挣扎的苦行僧”。这大概也道出了许多事业繁忙、身兼多角色的职业女强人的心声。王雅麟是国外品牌驻中国区的首席代表，她对记者说：“下面的基层代表如果有一个人说不想做了，我就可以去做。每一个岗位的工作我都很熟悉，没有谁能难得住我。每一个位置我都可以去顶。我的业务经理去到国外，他去一个月，我就可以在国内顶一个月他的岗位，我对每一个岗位都熟，而其他人并不是对每一个岗位都熟。”试想，能够做到这样程度的女人，在工作岗位上所付出的心血和努力该是多么大。可是，王雅麟说：“我是个小女人，特别小女人，我不喜欢人家说我是女强人。”

然而，就是这样的女人，越来越感到年龄的恐慌。我能够真实地感受到王雅麟所谈到的那种年龄恐慌，还有那种越是恐慌越是要努力抓住能抓住的一切的那种急切，而这些直接导致我们更加忙碌，负累更多。

“水满则溢，月满则亏；自满则败，自矜则愚。”人就像一把弓，拉得太满就会失去弹性。

很多时候，我们都累了，需要找个时间，整理自己的思绪，梳理和总结千头万绪的事情。很多人都有记日记的习惯，我想，这也是一种清理人生的良好方式。我认识一位写作的朋友，她说她会在每一年自己生日的那一天，写一篇长长的日记，来记录自己一年来的成长。

这让我想起了苏珊桑塔格，这位美国的知名作家从 12 岁开始记日记，日记的第一篇居然写的是一条狗尸体的腐烂，她终生保持着记日记的好习惯，直到去世，她一共留下了近 100 本日记，整齐地码放在一个柜子里。她的儿子整理出版了她 14 到 30 岁之间的日记，日记始于 1947 年，结束于 1963 年。

在《坎普札记》使她成名之前，从中可以看出她艰难的成才历程，从加州郊区一个喜欢孤独的人变成美国著名公共知识分子写日记是她迈出的第一步。日记记述了一个悲伤的故事：桑塔格是一个早熟、不知疲倦的孩子，迷恋欧洲文化，有着让她有负罪感的同性恋冲动。她在日记里写：“我知道我要怎样生活。我想跟很多人睡觉，我想活着，我讨厌死。我不会去教书，或者拿硕士学位。我不想让理性控制我，我最不愿意干的事情就是崇拜知识和有知识的人。”如果桑塔格的日记没有出版，人们永远也不会知道说这话的居然会是她。

无疑，桑塔格选择记日记这种方式来时刻梳理自己的人生，对于他来说是最好的方式，它可以释放压力，也可以清理情绪，缓冲生活矛盾。作家以书写释放，导演以拍电影释放，演员以演戏释放，学生以休息释放，这种能够在工作中就对自己的人生时刻整理的方式当然是最好的选择。而对于作为普通人的我们来说，其实也可以寻找到适合自己的方式，找一个独处的时间，安静的角落，去倾听花开的声音，去寻找城市的味道，去欣赏遥远无人烟的风景，去记录天涯海角的美。

启迪人生

女人时常打扫和清理自己的心房就会变得清明、淡定，心无挂碍故能从容、安宁，人生亦再无困惑。

8 放慢脚步，感受生活带给你的惬意

在物欲横流的社会，匆忙的你可曾知道自己每天为了生活在快节奏里打拼，自己也变得麻木，何谈感受生活带给我们的快乐？

“老夫聊发少年狂，左牵黄，右擎苍。”苏轼的词中透出一股惬意，东坡先生在闲适中享受打猎的乐趣。很多诗人都是那种活在当下、兴致盎然的类型，他们不太愿意去追究不公的境遇，他们不去焦头烂额地设定遥不可及的目标。“独怜幽草涧边生，上有黄鹂深树鸣。春潮带雨晚来急，野渡无人舟自横。”这种意境不是急性子的感受。

中西合璧的画家陈丹青的恩师木心老先生有一首诗歌叫作《从前慢》。原文是这样的：“记得早先少年时/大家诚诚恳恳/说一句 是一句/清早上火车站/长街黑暗无行人/卖豆浆的小店冒着热气/从前的日色变得慢/车，马，邮件都慢/一生只够爱一个人/从前的锁也好看/钥匙精美有样子/你锁了 人家就懂了。”

这是一个心境平和、不急躁的学者用慢镜头来回放生活之美，尤其是那句“从前的日色变得慢/车，马，邮件都慢/一生只够爱一个人”，似乎是在倡导一种简约的生活，相比当今物质丰裕的人们的滥情、竞争焦虑症，木心的诗词是一剂良药。看到此诗顿时眼前一亮，写得太有感觉了，于是工整地摘抄下来。

有一则小故事说一位华人在美国奋斗了很多年，经过艰苦的打拼，终于买了一幢豪宅，可他没有时间打理，就雇了一个佣人，佣人住在他的豪宅里每天享受着美食，在花园里散步，在他的健身房里锻炼，在他的游泳池里游泳，他在拼命赚钱，佣人替他享受劳动成果。这个小故事给了我们很大的启迪，尤其是人到中年，就像爬山爬到了半山腰，该回过头来回望一下自己走过的路了。有些人一生都在忙忙碌碌，到头来却不知道自己在忙些什么。这样的人注定是悲哀的，所谓的名利到头来只不过是一场空，生不带来，死不带去。

据说，苏格拉底曾与人相约去爬山。那人一路赶来，气喘吁吁，姗姗来迟的苏格拉底便问：“你来的路旁有什么吗？”“我不清楚，我只顾向前。”那人沮丧极了。于是，苏格拉底拍拍身上的尘埃，娓娓而谈：“真是太遗憾了，我已经欣赏完了沿途的风光。”苏格拉底的话看似平常，却蕴涵了无限道理，是啊，在朝目的前进的时候，请放慢你的脚步，去欣赏两边的风景，或许会有一番惊喜。

“停车坐爱枫林晚，霜叶红于二月花。”是唐代诗人杜牧《山行》中的诗句。因为夕照枫林的晚景实在是太迷人了，他顾不得赶路，特地停车观赏。因为停车甚久，观察入微，才有了“霜叶红于二月花”这样富有理趣的警句。难能可贵的是，诗人通过这一片红色，看到了秋天像春天一样向上的生命力，山林呈现一种热烈的、生机勃勃的景象。

说起女人，才情横溢的李清照年轻时代也是个用慢节奏体味人生之美的典范。少女时代的李清照，独撑一叶扁舟，进入湖心，不去思索太多，只是慢慢体会自然风物美景，并与丈夫——金石专家赵明诚隔船邂逅，那一瞥情定终身，后来回忆这段慢节奏生活时，李清照写下了著名的《如梦令》：“常记溪亭日暮，沉醉不知归路。兴尽晚回舟，误入藕花深处。争渡，争渡，惊起一滩鸥鹭。”这首词没有压迫感，宛如小桥流水人家，轻轻松松，一个小家碧玉的游历见闻跃然纸上。

林清玄常引用“活在当下”劝解世人要放松心态，不要考虑太多，根据科学估算，我们百分之九十的担心其实永远都不会发生，因此完全不必赶着投胎似的前行。时下最流行的一句话叫作“有一种失败叫作瞎忙”，如果我们看不准方向，盲目快节奏前行，走得越快，距离有效目的地越远。我们有时累了，完全可以停下脚步歇一歇，拿出指南针，调整方位后，磨刀不误砍柴工。

一个女人，肩负着家庭、生活、事业三重重担。慢生活的概念在1989年一出，就震动世界并影响至今。快节奏的城市生活可能带来负面效应，影响生活健康，影响生活质量。女人要学会慢生活，从慢慢吃开始，抑制生活的快节奏。有时候，我们真的应该从现实生活的激烈竞争中放空自己的内心。冥想不失为一招好棋，运用印度瑜伽腹式呼吸法，放松自己，让机体的应激水平降一降，心率不再那么匆匆，血压不再高高的。或者是背上背包，来一场说走就走的旅行，让身心融化在大自然鬼斧神工的匠心设计里，放慢脚步，边走边欣赏。让焦虑与烦恼犹如液体介质被析出身体。唯有这般，我们才能感受生活之美，才能充足电继续前行。

启迪人生

人生是一段奇怪的旅程，追求得越凶猛，失去的越多。人要有追求，但不能一味追求，人还得学会享受。人生苦短，不能让不断的追求湮没了原本属于自己的快乐，放慢脚步，闲时看看云卷云舒，听流水叮咚，感受生活带来的惬意。

第三章

研读国学，潇洒处事，尽享生活之美

每个人生活在尘世中，都免不了和他人打交道，少不了烦恼和困扰。要想化解矛盾，立足于世，便要懂得“做人有方圆，做事有尺度”。学会潇洒处事，学会及时调整自己的心态，只有这样，才能让心态保持积极乐观，充满阳光；只有这样，才能成为生活的强者，尽情享受生活带来的愉悦和美好。

1 智慧的女人，睿智地关心所爱

我国的古语中有关智慧的名言名句非常多。很多的圣人先贤也都有十分精彩的言论，堪称智慧的化身与典范。然而智慧和睿智并不能相提并论，睿智的人必须具备聪明的头脑以及智慧的态度，所以实际上能达到睿智的人着实不多。

大多数的人会因为聪明而光芒万丈，风头出尽，而只有睿智的人才懂得大智若愚的道理，也只有睿智的人才懂得当自己还未修炼成功的时候，要隐忍和不断地提升自己，以期待有一天能够破茧成蝶。有这样一个故事：一个人站在深渊旁，看见渊里的鱼又大又肥，想捕几条回家品尝，但因为是一处深渊，无从下水。只能在渊旁看着鱼，想着鱼的味道。真为他感到惋惜，如果他用看鱼的时间回家织网，就不会在渊旁空耗光阴了。所以，《汉书·董仲舒传》里面所言："临渊羡鱼，不如退而结网。"也就是说，与其去羡慕别人的成就和才能，羡慕别人的学识和地位，还不如好好关爱自己，努力提高自己。

正如众所周知的邓亚萍，原本只是一个个子不高，相貌并不出众的女子，在退役后，连26个英文字母都认不全。但是，她并没有因此而艳羡别人的成就，也没有为此而自卑、一蹶不振，而是默默地努力和付出，凭借自己的坚强毅力一步步取得了清华大学学士学位、诺丁汉大学硕士学位和剑桥大学博士学位。这正是因为她是智慧型的女人，懂得勤能补拙的道理，更懂得《论语》中"学而不思则罔、思而不学则殆"的信念，默默无闻地提升自己的修养，修炼自己的身心。她懂得只有关注自己的成长和内心的成熟发展，才能够更睿智地生活。

还有“全球最著名的华裔老板娘”邓文迪，无论人们对她是褒还是贬，但你都不得不承认，她是关爱自己所爱的女人，她很清楚明白地知道自己想要什么样的生活，也懂得如何能让自己优雅地生活。

再如“郭晶晶”，人们对她嫁入豪门羡慕不已，可是谁也无法知道这样一个灰姑娘背后的辛酸，她从一个跳水名将逐渐修炼成一个举手投足间都体现着名媛范儿的华丽妇人，不得不说这是她始终关爱自己，专注于修炼自身的结果。

《礼记·中庸》中说：“凡事预则立，不预则废。”现在很多女人成天都在叫喊着要提升自己、要完美身形、要打造美艳的面庞，可是真正能够将其作为自己的事业而扎扎实实付出的少之又少。就拿减肥来说，很多女性对自己的体型都不是十分满意，成天叫喊着要减肥。但是真正将减肥当作事业来实践的女性却很少。很多女性比起减肥来说，更爱的是美食和美酒，还有那些割舍不下的肥皂电视剧。而作为女人，我们更要首先学会爱自己，这样才能有爱他人的能力。

只有真心地爱自己，才是做智慧女人的开始，才能拥有一双灵秀的眸子去看世间的风云变化，才能够以一颗平常心来对待一切，才能够识大体、顾大局，拥有深邃而内敛的气质，拥有别样的尊贵和雍容，而只有这样才不失为一个有大智慧的女人，不失为一个独立、坚强、不依附于任何人的女人。作为女人，要有一样自己的爱好，并将其坚持下去。如果你喜欢健身，就将它视为自己的最大爱好，努力练成维多利亚模特般的身材；如果你喜欢读书，就力争自己也能写作一两本有名的著作，哪怕是一两首脍炙人口的小诗也未尝不可。只有安心地将自己的爱好坚持下去，才能够宠辱不惊，淡定恬然，才能保持一颗稳定、不被浮华所圈染的心，才能在浊世中做一个优雅的、睿智的女人。

启迪人生

临渊羡鱼，不如退而结网。要保持自己的爱好，独立、坚强地做自己，有自己的一份事业，关爱自己，这样才是拥有大智慧、宠辱不惊的女子。

2 做优雅女人，懂得沟通艺术

现在社会的生活节奏越来越快，导致女人也要像男人一样忙着赚钱，但同时也要注重自己的身体保养和修炼，“上得厅堂，下得厨房”已经成为现代女性智慧和优雅的衡量标准之一。那么如何在快节奏的生活中保持和家人、朋友的良好沟通呢？

中国人的沟通是从家里开始的。沟通指的就是文字沟通、声音沟通和肢体沟通。其中，文字语言传达信息，声音语言传达感觉，肢体语言传达态度。作为一个优雅的女人，在遇到事情的时候一定要娓娓道来，切忌急躁、张口大骂，应该注重艺术的沟通方式。优雅的女人从来不生气，她懂得用沟通来解决问题。优雅的女人懂得放弃，因为她懂得有舍才有得。优雅的女人崇尚简单，因为容易满足才会幸福。

刘若英有一个温暖的绰号：“奶茶”。意思是优雅、温馨、简单而又不失华贵。这正如她一贯的处事风格一样，虽然自己的挚爱并没有因为她的浓浓爱意而放弃自己的家庭，但她懂得放弃，只是远远地看着他幸福就好。她只注重用心和陈升的交流，更是满足于陈升对于她的一颦一笑，她如此容易满足，才使得她在四十多岁的时候，终于遇到了那个可以温暖自己的丈夫。这就是优雅女人的典型代表。

再如奥黛丽·赫本，明明深爱着自己第一次演电影时候的银幕情侣，却终未曾说出口，更不会胡搅蛮缠，始终以最好的姿态出现在他的面前，以至于在她去世的时候，他依然会握着她的手说："你是我这一生最爱的女人。"

在日常生活中，想要成为一个优雅的女人，必须善于沟通和交流，要学习《亮剑》中李云龙的笑，用笑容来化解一切的难题，用笑容来创设良好的沟通氛围，用笑容来带给他人愉悦和轻松，用笑容帮助自己走上成功的阶梯。

《诗经·大雅》中曾说："投我以桃，报之以李。"做一个优雅的女人，首先要换位思考，善于积极主动地和自己的爱人进行交流和沟通。当心爱的男子因为工作的忙碌和劳累，而没有时间陪你看电影、逛街的时候，一定不要抱怨和喋喋不休地指责，要知道你给对方什么样的情绪，对方就会反馈给你什么样的态度。这个时候，不妨和自己心爱的男子多沟通交流，询问他工作中遇到的难题，或者默默地陪在他身边就好。等他压力减少之后，就自然会将关注焦点转移到你那里。

善于沟通的女人大多注重交流和表达，当自己犯错的时候会主动承认错误，并且珍惜和他人沟通交流的时间。而这其中最重要的就是换位思考。也就是说从对方的角度来想问题。用平常心来将一切的功名利禄看淡，并且尽量避免让自己情绪化，设身处地地为别人多着想，才能和别人友好相处。

我的一个好姐妹，人非常好，就是说话特别直接，总是有意无意就点到别人的痛处。例如，有一次，我们同事买了一个非常好看的杯子，兴冲冲地拿到办公室来给大家看。其他的同事都高兴地说"真好看""质地很好"之类的话，她却说："这杯子一看就是小女生才能用的，做工也太一般了，颜色也跟你不搭调。"

这样的话一出口，就令那个同事非常尴尬，下不来台，最后不欢而散。我们另外一个同事有些圆润，大家往往都会以可爱、富态一类的词来形容，可她却说太胖了、该减肥了等让人听了特别不舒服的话。逐渐地，同事们就不爱搭理她了，有事也不愿意和她一起了，她也知道是因为自己说话直引起的，但是就是没办法改掉这个毛病。由此可见，善于沟通是多么关键和重要。要学做优雅女人，首先要学会的就是如何有效沟通。

启迪人生

艺术的沟通，能够帮助自己化解很多的矛盾和尴尬局面，不仅仅是良好人际关系交往的前提，也对自己的事业等有着至关重要的影响作用。

3 一“化”解千愁，一“让”值千金

唐代刘禹锡的《唐故相国赠司空令狐公集记》中说：“以清俭自律，以恩信待人，以夷坦去群疑，以礼让太惨急。”意思就是以清廉简约的标准约束自己，以宽厚诚信的态度对待别人，以公正坦荡的胸怀去消除大家的猜疑，以礼貌谦让的作风去代替严酷峻急的行为。这说明了做人应该谦逊、宽厚、公正和清白。

《世说新语》中有个小故事：“东晋时王文度与范文期是同僚，王年纪小却职位高，范虽年长却职位低，两人走路时总是谦让，请对方走在前面。有一次，恰巧王走在范的前面，便谦虚地说：簸之扬之，糠秕在前。范也立刻谦虚地说了一句：淘之汰之，沙砾在后。”

古代有如此多谦虚礼让以致和谐美满的故事，在今天，作为一名女子，也要力争做到一“化”解千愁，一“让”值千金。作为优雅大气的女子，在遇到事情的时候千万要冷静对待，切不可情绪化，更不能死记仇恨，这样不但会影响到自己的身心健康，而且也会使自己一直活在仇恨中，郁郁不得终。

曾经有这么一对夫妻，因为婆媳关系没有相处好的缘故，夫妻双方的感情也越来越淡薄。遇到一点小事的时候谁都不愿意让步，谁也不肯低头。就拿洗衣服这件小事来说，女人认为我已经洗了这么久的衣服，周末好不容易休息一下，为什么自己的老公就不能洗洗呢？于是坚持周末不洗衣服。

而男人认为我一周上班五天，每天都在忙碌，为什么周末还非要洗衣服，为什么自己的老婆不能体谅自己呢？于是也坚决不洗衣服。这种谁也不肯谦让谁的做法会一直在生活中延续，一旦遇到点绿豆大的事情，双方谁都不会退一步，搞得最后不得不以尴尬和争吵结束。于是，男人便会怀着一颗厌倦和疲惫的心，想要再寻找一个温暖的港湾，这样一旦碰到一个温柔、懂得关怀和体贴的女人，男人出轨就是必然了。而女人也是一样，长期以来的积怨在心理不断地生根发芽，越来越大，一旦碰到事情就会被激发出来，从而对家人和孩子大发脾气，遇事也越来越不讲道理。

这样的女人，当哪一天知道自己的老公有了外遇的时候，一面伤心欲绝，一面又在抱怨男人是如何的忘恩负义，却不去想任何事情的发展都是双方面共同作用的结果，如果当初遇到事情能够从对方的角度出发，多关怀和礼待对方，相信爱情和婚姻也不至于走到这一步。因此，无论是对于爱情、友情还是亲情，无论是对于亲人还是陌生人，都应该谦虚有礼、换位思考，才能形成和谐共处的良好生活氛围。

启迪人生

满招损，谦受益。在日常生活中，要时时怀着一个谦卑礼让的心来对待周围的人和事，那么生活就会越来越美好。

4 能屈能伸做女人，退一步海阔天空

《宋朝事实类苑·祖宗圣训》中曾有这么一句话："以大度兼容，则万物兼济。"也有一个智者这样说过："你必须宽容三次。你必须原谅你自己，因为你不可能完美无缺；你必须原谅你的敌人，因为你的愤怒之火只会影响自己和家人；在寻找快乐的路途中，最难做到的或许是你必须原谅你的朋友，因为越是亲密的朋友，越能于无意中深深中伤你。"我们在宽容自己的同时也要宽容别人，因为人人都有自尊心，都不愿意被人指指点点。对于女人而言，要学会做能屈能伸的女人，懂得退一步海阔天空的道理。

身为女人，如果习惯抓住别人的缺点和弱点不放，就像眼里揉不得沙子一样，就会满眼的迟疑和不满，整天蓬头垢面，逢人就诉说自己的哀愁和痛苦，没有一颗宽容的心来看世界。这样的女人是不会有人喜欢的。人常说，人的一生会有很多的运气和福气，而最大的福气莫过于懂得感恩，也懂得宽容地对待任何人，这样不计较小问题，生活才会过得更加精彩。

曾经有一位德高望重的长者，在寺院的高墙边发现一把座椅，他知道有人借此越墙到寺外。长老搬走了椅子，凭感觉在这儿等候。午夜，外出的小和尚爬上墙，再跳到“椅子”上，但他觉得“椅子”不似先前硬，软软的甚至有点弹性。落地后小和尚定睛一看，才知道椅子已经变成了长老，原来他跳在了长老的身上，后者是用脊梁来承接他的。小和尚仓皇离去，这以后一段日子他诚惶诚恐等候着长老的发落。但长老并没有这样做，压根儿没提及这“天知地知你知我知”的事。小和尚从长老的宽容中获得启示，他收住了心再没有去翻墙，通过刻苦的修炼，成了寺院里的佼佼者，若干年后，成为这儿的长老。

无独有偶，有位老师发现一位学生上课时时常低着头画些什么，有一天他走过去拿起学生的画，发现画中的人物正是龇牙咧嘴的自己。老师没有发火，只是憨憨地笑着，要学生课后再加工得更神似一些。而从此那位学生上课时再没有画画，各门课都学得不错，后来他成为颇有造诣的漫画家。设想一下，如果不是老师的宽容和礼让，那么他还会继续作恶，不知道悔改，这样无疑会毁了他的人生。

因此，我们一定要做一个宽容忍让的人，用包容的心态来对待一切人和事，当他人做错事的时候，不要横加指责，而要怀着一颗宽容的心来帮助他解决问题，只有这样，才是一个智慧型的女人。

一个女人的宽容首先是对自己的爱人而言的。在长久的婚姻生活中，并不是因美貌和浪漫携手一生，而往往是性格中的包容和谅解成为维持美满婚姻的重要因素。

男人最怕女人的唠叨和喋喋不休，以及抓住一点点小事就死咬住不放，只要男人稍微做得不好，就会被拿出来说一次，这常常会使男人厌烦不已。过度的话，就会造成婚姻的危机。另外，能够用心听男人夸夸其谈是一种宽容。男人在女人面前吹牛，往往是一种缺乏自信的表现。女人如果不能倾听，男人的自信难以建立，就会崩溃。能够让男人和朋友们一起消磨时光是一种宽容。因为男人需要不时地回到年少时光，这是少年时逃避母亲过分的爱和关心心理的再现。

此外，宽容并不意味着软弱和纵容，而是有分寸的退让。男人很多时候还是个长不大的孩子，在他犯错误的时候，不要喋喋不休，最好能够先放一放，不要动怒，等到大家都心平气和的时候再来回顾当天发生的事情，再来进行沟通，这样才会取得更好的效果。都说温柔的女人是福，其实能够包容和忍耐的女人对于家庭来说，更是莫大的福气。

启迪人生

退一步海阔天空，要学会忍耐和包容，不要为了一点小事而斤斤计较，只有懂得包容和感恩，生活才会越来越幸福。

5 成就别人，也是成就自己

“成就别人，就是成就自己。”这是一句古今中外人尽皆知的名言。

孔子曾经说过：“己欲立而立人，己欲达而达人。”这句话出自《论语·雍也》：子贡曰：“如有博施于民而能济众，何如？可谓仁乎？”子曰：“何事于仁，必也圣乎！尧舜其犹病诸！夫仁者，己欲立而立人，己欲达而达人。能近取譬，可谓仁之方也已。”

两千多年来，“忠恕”一直是儒家道德修养的重要内容，至今对于人际关系的正确处理仍有实际的指导意义。“立”是成立、成功的意思；“达”是先达的意思。我们帮助别人就是帮助自己，帮助别人取得成功，就是帮助自己取得成功。

美国散文作家爱默生说：“人生最美好的一项补偿，就是凡事都诚心诚意地帮助他人，最终自己也一定会受益。”塞内卡也说：“让自己获得好处的最佳方法，就是将好处施诸别人。”所以，你想要获得好的成就、好的因缘，就要布施、要服务、要帮助别人。分享与回馈就如同在黑暗中点燃一支小小的蜡烛，它能像太阳光一样照亮黑暗，让黑暗中的人得到光明与温暖，同时，也能让自己得到温暖与亮光。有句英文这么说：I made it because of you. 如果你平时养成“功成不居”的习惯，愿意将自己的成就与别人分享，那么，你的成就也会因为和别人分享的缘故而变得更加耀眼。

有这么一则故事：有人和上帝谈论天堂与地狱的问题。上帝对这个人说：“来吧，我让你看看什么是地狱。”他们进了一个有一群人围着一大锅肉汤的房间。每个人看起来都营养不良、绝望又饥饿。每个人都拿着一只可以够到锅的汤匙，但汤匙的柄比他们的手臂长，没法把东西送进嘴里，他们看来非常痛苦。

“来吧，我再让你看什么是天堂。”过了一会儿上帝说。他们进入另一个房间，和第一个没什么不同。一锅汤、一群人、一样的长柄汤匙。但每个人都很快乐，吃得也很愉快。

“我不懂，”这人说，“为什么他们很快乐，而另一个什么都一样的房间中，人们却很悲惨？”

上帝微笑着说：“很简单，在这儿他们会去喂别人。”

没有人愿意成为一座孤岛！当你不愿意分享、帮助、成就别人的时候，你就会慢慢地变成一座孤岛。一个人愿意帮助别人成功，同时，也是在帮助自己获得成功。如果你害怕别人成功，那么你也不可能成功。如果你嫉妒别人成功，那么你更不可能成功。

成就别人，也能造就自己；造就自己，也要懂得分享给别人。

一位成功的企业家，若想让事业永续经营，他需要的是一群素质精良的员工；名扬国际的影视巨星之所以能够诞生，是因为有一组绝佳的幕后工作人员在背后无私地付出；而畅销作家的成名，则是一群优秀的编辑及无数工作人员耗尽脑力与心血的代价。

一部电影之所以成功，不应只归功于导演或是男女主角，灯光师、摄影师、化妆师、场记、配角都是这部电影成功的关键。只是，镁光灯的焦点，永远都只对准了幕前风光、亮丽的主角，却忘记了幕后辛苦的工作人员。每个人都有自己的天赋与资质，有的人适合在幕前发光，有的人则适合在幕后发展；有的人适合坐轿，有的人则适合抬轿。不管你是坐轿还是抬轿的人，在幕前就要努力展现台前的美丽，而在后台，也要更努力地让别人能够散发出动人的光彩。

闲逛无事的男孩往水里扔了一颗小石子，这颗小石子激起了一圈圈涟漪，这令小男孩惊诧不已。当他看到不停扩大的水圈，他感到自己力量的延伸、体现和证明，水圈是他的一个力量杰作。而同时，当他看着眼前奇异的景象，他眼睛的能力也在生长，他心灵的感受力也在生长，他体内的活力、弹性和韵律也在悄悄生长。也就是说，扔石子这么一个动作，其结果不仅是看得见的一个水圈，而且还有小男孩从中创造出来的新的自己。这个内在人性的收获虽然肉眼看不见，但却是实实在在可以感觉到的，并在以后的实践中得到渗透浮现。这就是价值链的体现，这就是社会价值理想的形象。

因成就他人而成功，其实也是这样一个价值链，这条价值链又是一个闭路循环系统，当我们成就他人的时候，同时也在成就着我们自己，由个人到企业，由企业到社会，不断扩大着个体的价值涟漪，实现理想的价值，社会又将更高的价值回报给我们。佛法里最大的法则就是因果有序，往而复始。想想花园里，树给花挡了风，花给草遮了蓬，草又给花做了伴，花又给树增了色。这又何尝不是一个因果往替的过程呢。在工作中，我们得到了领导的爱护、同事的支持，我们又同样给予别人爱护和支持，在这种用价值创造价值的过程中，实现着我们每个人的理想。这让我想到了大雁南飞。

大雁南飞，总是以“V”字队形飞行，领头雁总是在队列前带领着队伍前进，整齐的队形始终展示着一种凝聚的力量。同时，科学研究还发现，在这种队形中大雁扑动的翅膀会在彼此之间产生浮力，使雁群在集体飞行时至少比单飞时增加71%的飞行能力——正是这种来自周围的关怀和力量，帮助它们飞到梦想的国度，品尝到成功的果实。

如果你没有足够的能量，就无法承载别人的成功；如果你没有足够的度量，也无法造就别人的成功，当然，也就无法让自己更成功。

启迪人生

成就别人，也能造就自己；造就自己，也要懂得分享给别人。

6 把别人的赞美“瘦身”才更养心

“以铜为镜，可以正衣冠；以人为镜，可以明得失；以史为镜，可以知兴衰。”唐太宗李世民的这句话说得很中肯，人人皆可为镜。有那么多的镜子可照，自然该好好端详自己。很多人都被别人表面的赞美所迷惑而找不到最真实的自己。诗人鲁黎说：“还是把自己当作泥土吧，老是把自己当作珍珠，就会有被埋没的痛苦。”的确，真正认识自己的人明白自己该干什么，是什么样的人，有怎样的力量，从而依据事实，确立符合实际的目标，去追寻适合自己的成功，这样自己的内心才会更加坦然，人生道路也会平坦许多。

周国平在《人与永恒》中写道：“一个人越是珍视心灵的生活，越容易发现外部世界的有限，越能够以从容的心态面对。相反，对于没有内在生活的人来说，外部世界就是一切，难免生怕错过了什么似的急切追赶。”由此，我想到了一个故事。从前有一个矮子，他最讨厌别人说他矮，由于他家有钱有势，别人都来奉承：“你的腿很长，个子也高”。一日矮子独自一人外出游玩，见到一条不深的河，觉得自己站在正中，水也一定未及腰处，于是走向河央。最后他为自己的行为付出了巨大的代价。

我们不能因盲目地相信别人的赞美而失去自我，赞美是一种外部促进力量，具有积极意义，但更重要的是我们要认清自我，塑造自我，相信自我。

生命若水，石过处，惊涛骇浪。生命若梦，回首处，梦过嫣然。要想在生命的长河中活出自我，秀出自我，便要“认清自我”。人能走多远？这话不要问双脚，要问志向；人能攀登多高，这话不要问身躯，而要问意志。要想了解自己就先倾听自己。

《乔布斯传》中提到：“你的时间有限，所以不要为别人而活。不要被教条所限，不要活在别人的观念里。不要让别人的意见左右自己内心的声音。最重要的是勇敢去追随自己的心灵和直觉。只有自己的心灵和直觉才知道你自己的真实想法，其他一切都是次要的。”乔布斯的“苹果”至今风靡全球，原因与他个人是紧密相连的，正因为他认识自我，倾听自己的声音，不被他人的思想所左右，只寻求自己的直觉与心灵，才会取得巨大的成功。

谦虚使人进步，骄傲使人落后，这是我们从小就学习的道理。一个人，尤其一个身居要职的人，听到的赞美自然会多，这些赞美不论是出于真心还是假意，大部分都应该被过滤掉，每天生活在飘飘然的空气中，人就不免膨胀、不免虚浮，就会看不清身边的事物，就会失去准确的判断力，从而影响工作，影响前途。

“一切真正伟大的东西，都是淳朴而谦逊的。”世上凡是有真才实学者，凡是真正的伟人俊杰，无一不是虚怀若谷、谦虚谨慎的人。

左拉曾这样描述过他的学生——法国大作家莫泊桑：“他往往一下午洗耳恭听我们的谈话，眼睛明亮而含笑，老半天才斗胆插上片言只语。谁也不曾料到，这个布满欢快朝气的年轻人后来竟一举推出了《羊脂球》——那个满含柔情、讥嘲和勇气的完美无缺的作品。”

一个骄傲的人，容易在骄傲里毁灭自己，所以无论在什么时候，永远不要以为自己已经知道了一切，不管人们对你的评价多高，要对自己说：“我是个一无所知的人。”这样我们才能拥有更多的智慧。

我们每个人都要塑造一种“虚怀若谷”的品质，有一种“谦虚谨慎、戒骄戒躁”的精神。

启迪人生

良言一句三冬暖，赞美可以促进和生发出积极的动力，但对于那些条件优越的女人来说，要能在交口称赞的氛围中摆脱虚浮的假象，时刻保持清醒。

7 调动一切有利因素，让自己生活得更好

生活如诗，我们便是一个韵脚，诗若有情情难尽；生活如茶，我们是一片茶叶，茶香满口情悠悠；生活如歌，我们是一个乐符，歌到深处情难留；生活如酒，我们是一缕酒香，酒浆醉时笑语盈。只有调动一切有利因素，担任好生活中自己的角色，生活才会更加精彩，充满生机。

更好的生活到底取决于什么呢？有很多决定因素，比如家庭条件、教育背景、个人品质、外在条件等，在诸多的决定因素中，抛却那些我们不能改变的客观因素，比如身高、外形、肤色等，还有一些因素是通过我们自己的努力能够改变，并能够促进我们更好进步的。

通常我们所谈到的智商、情商、财商也是一个人取得成功的必要条件，而且这三种因素都具有先天遗传性，靠后天教育或能弥补，但并不能根本改变。哪些因素能被后天培养呢？比如，兴趣。学生时期，师长们常说，兴趣是最好的老师，指的是兴趣能激发学习动力、提高成绩。当我们进入社会后，由兴趣发展出的某些特长和天赋，也许可以帮助和提升你自己。当然，兴趣和能力不是一回事，比如一些心理学专业学生对心理疾病非常感兴趣，并希望将来做一名临床心理医生，但是当他们怀着极大的兴趣进入这个领域后才恍然醒悟自己并不适合这一行。这是因为他们没有考虑到做一名心理医生所需要的耐心、共情和适度的分离。能力主要是看自己在哪个方面（或哪些方面）比较有优势，要扬长避短。这样就能选择更适合施展才能的职位。能力与职位的匹配度能决定你在一个行业中所走的长度和所学的广度。所以，找到真正与你匹配的行业和岗位是最重要的。

除了能力和兴趣之外，气质也是一个人的外在综合素质的反应。气质即人格特质，是一个人的行为风格区别于他人的与生俱来的、在不同情境中具有一致性并且具有一定程度稳定性的个人特质的集合。如果你从事的职业与自己的气质相吻合，工作起来就会感到精神抖擞、心情舒畅，也容易取得成绩；反之，就会感到无精打采、心情不佳。

在现实生活中，每个维度的两个方面你都会用到，只是其中的一个方面你用得更自然、更容易、更快、更舒适，就好像每个人都会用到左手和右手，但有的人习惯用左手，有的人习惯用右手。同样，你的气质类型就是你用得更自然、更容易、更快、更舒适的那种。

所有我们具备的有利于开创更好生活的因素都要充分调动起来，发挥出它们的潜能。有条件要上，没有条件创造条件也要上。

一位很会交际的老者要给自己的儿子找一门好亲事，他决定去找世界银行的行长。他对行长说：你一定要录取我的儿子当副行长。

行长气坏了，要轰走老人。老人说：我走了，你别后悔啊。你不知道我儿子是谁吗？他是新任副总统的女婿！

行长当即喜笑颜开，答应了老人的要求。

第二天，老人找到了新任副总统，对他说：总统，你必须让我儿子给你当女婿！

总统说：我不干涉女儿的婚事！老人回答：我儿子是世界银行的副行长。

总统于是点头答应了这门亲事。

这里讲的是一个资源配置的故事，但同时也是在讲如何有效利用有利因素为自己创造条件。

除上面提到的各类因素外，积极乐观的生活态度其实也是取得圆满人生的基础。“人生得意须尽欢，莫使金樽空对月”是大诗人李白的生活态度，“先天下之忧而忧，后天下之乐而乐”是范仲淹的生活态度……有什么样的生活态度就决定了你有什么样的人生选择。“只要心是晴朗的，人生就没有雨天”，心中若有桃花源，何处不是水云间？抓住一切有利因素，善于利用一切资源，就是人生的大智慧。

启迪人生

凡成大事者，都是借势高手。熟悉金融的人知道，资本运作的核心就是“借”——借资本，借项目，借团队，借渠道。女人，只有学会巧妙借势，才能做到以柔克刚，逐渐在男人的世界中扎稳脚跟。

第四章

用国学，从容淡定走好职场之路

现代职场，需要积极阳光的心态，更需要平衡的心态，需要每一个人淡定从容地面对一切，过去了就放下，无须纠缠。每一天，每一刻，都是结束，也都是开始。人生，有多少计较，就有多少痛苦。舍弃那些小聪明，学会舍得，做好每一件事，守住内心的淡定与宁静。只有这样，机遇和成功才会不期而遇，才能在茫茫的人生旅程中欣赏到美丽的风景。

1 成功推销自己，才有平台展示美好的你

咸丰二年，慈禧用5年时间从一个贵人升级为第二级的懿贵妃。当时的慈禧22岁。在咸丰帝的眼里，她变得越来越美丽。她很会打扮，每次打扮都别出心裁，是宫中难得的一大“摩登女郎”，使后宫三千佳丽瞬间失色。

那时后宫佳丽数不胜数，慈禧不是最漂亮的那一个。为什么慈禧能抓住咸丰的心？就是因为慈禧会推销自己，她精心打扮，给人留下深刻的第一印象，这为她后面的成功奠定了基础。

成功地推销自己非常重要，如果不能将自己成功地推销出去，那怎么让人去接受你，接受你的产品？你又如何获得别人的认可进而获取成功？慈禧就是成功地把自己推销出去，站在了后宫三千佳丽之上施展自己的才能，登上皇太后的宝座。

成功地推销自己不仅能给别人留下好感，而且还可以给自己带来更加广阔的发展空间，让自己成为自己心中想要成为的那个人。

在现代职场中，成功的女性多是推销自己的高手，她们先将自己成功推销出去，在人群中获得一定的知名度，发展自己的事业。

杨澜是我国著名电视节目主持人、媒体人、传媒企业家、慈善家，是女性心目中典型的职场女性名人。杨澜在业余时间不断地吸取知识，不断地提高个人修养和人格魅力，为的就是以后和人接触时，用自己的美丽、聪慧、优雅、知性把自己成功地推销出去，获取更多的发展机会。正因为她的这些修养，一次在和正大集团总裁谢国民吃饭聊天时，谢国民从杨澜的谈吐中发现她是个优秀的可造之才，最后资助她去美国留学。并且在后来《杨澜访谈录》这个节目中，杨澜接触到了大量的社会精英和名流，有很多重量级的人物在和杨澜接触一次之后就对她十分欣赏，不少人在节目之后仍和她保持密切的联系，这经常能给她带来一些具体的帮助。

杨澜每次和他人的交流中都能成功推销自己，在众人看来她是一个推销自己的能手，她时时刻刻都在从不同的方面提高自己，这让她在推销自己的过程中增加资本。

把自己成功地推销出去的确不简单，慈禧把自己成功地推销出去花了5年，杨澜把自己成功地推销出去花了8年，鲁豫把自己成功地推销出去花了6年，张泉灵成功地把自己推销出去花了7年。

那我们应该如何把自己成功地推销出去呢？且看高人从诸葛亮出山一事中总结出来的几大法宝。

法宝之一——名人推荐

《三国演义》第三十六回“徐元直走马荐诸葛”中有这样一段对话：庶勒马谓玄德曰：“某因心绪如麻，忘却一语：此间有一奇士，只在襄阳城外二十里隆中。使君何不求之？”玄德曰：“敢烦元直为备请来相见。”庶曰：“此人不可屈致，使君可亲往求之。若得此人，无异周得吕望、汉得张良也。”玄德曰：“此人比先生才德何如？”庶曰：“以某比之，譬犹驽马并麒麟、寒鸦配鸾凤耳。此人每尝自比管仲、乐毅；以吾观之，管、乐殆不及此人。此人有经天纬地之才，盖天下一人也！”玄德喜曰：“愿闻此人姓名。”庶曰：“此人乃琅琊阳都人，复姓诸葛，名亮，字孔明，乃汉司隶校尉诸葛丰之后。

就是因为有名人徐庶的推荐，诸葛亮才得以成为玄德的军师，不然以诸葛亮这种不可屈致之人怎能获得如此的机遇，做了刘氏集团的二把手？

法宝之二——注重包装

当刘备来到诸葛亮住所时发出感慨："山不高而秀雅，水不深而澄清，地不广而平坦，林不大而茂盛，猿鹤相亲，松篁交翠。"这让刘备觉得此处是个卧虎藏龙之地，进门一看，中门上写着："淡泊以明志，宁静以致远"，一看让人觉得写此诗的人是一个不求名利、不求闻达的高尚之人。此外，诸葛亮见刘备之前正衣冠而出迎，给人一种才高八斗、学富五车的印象，让刘备眼前一亮，觉得此人必成大器。诸葛亮包装住所、包装自己，让刘备觉得他是人才，所以刘备有了"三顾茅庐"之行为。

法宝之三——有备而来

与刘备初次谋面，诸葛亮便解其所需、解其所惑，既能回顾过去，又能展望未来。针对刘氏集团的处境，向刘备提出了一套完整的三分天下、建基立国和北伐中原的战略方针："北让曹操占天时，南让孙权占地利，将军可占人和。先取荆州为家，后即取西川建基业，以成鼎足之势，然后可图中原也。"隆中对让诸葛亮淋漓尽致地表现了自己的远见卓识和过人才干，使得刘备感激涕零，携诸葛亮回归新野。

诸葛亮推销自己的能力实在是高，把自己成功地推销出去后，为他后面的成功打下了坚实的基础。

很多人会说推销自己是那些不学无术的人用的手段，但是作为有真才实人，为何就不能采用这样的手段推销自己呢？当今广告学如此发达，却有很多人怀才不遇，为何我们不多多推销自己，让自己早日遇上伯乐呢？在竞争如此激烈的社会，如果不采取一些策略引起他人和社会的重视，那或许要比别人晚成功10年，甚至压根不能成功。千里马不遇上伯乐，或许它永远不会被人赏识。

所以只有成功地推销自己，才能获得更好的平台施展才华，才有可能更好、更为精彩地展现自己。

启迪人生

在竞争如此激烈的社会，我们如果不采取一些策略引起他人和社会的重视，那我们或许要比别人晚成功10年，甚至压根就不可能成功。千里马不遇上伯乐，或许它永远不会被人赏识。

2 摆正自己的位置，可以让事业更长久

孟子曰：“知者无不知也，当务之为急；仁者无不爱也，急亲贤之为务。尧舜之知而不遍物，急先务也；尧舜之仁不遍爱人，急亲贤也。不能三年之丧，而缌小功之察；放饭流歠，而问无齿决，是之谓不知务。”

孟子说：“智者没有什么不想知道的，但急于知道当前该做的紧要事情；仁者没有什么不爱惜的，但急于先爱亲人和贤人。尧、舜的智慧不能遍知所有的事物，是因为他急于去做眼前的大事；尧、舜的仁德不能遍爱所有的人，是因为他急于去爱亲人和贤人。不能够施行三年的丧礼，却仔细地讲求缌麻三月、小功五月的丧礼；在尊长面前进餐，大口吃饭，大口喝汤，却讲求不用牙齿咬断干肉，这就叫不识大体。”

所以作为职场人士，我们应该摆正自己的位置，应该分清楚什么该做，什么不该做；什么事情特别重要，什么事情重要，什么事情不重要；什么得先做，什么需后做。摆正了位置，才能让自己的事业得到持续的成功。

周迅 18 岁之前，是一个对未来十分迷茫的女孩。她就读于浙江艺术学校，每天跟着同学唱歌、跳舞，日子倒也过得轻松。周迅并没有受过专业的表演训练，当时她也不懂得如何把一个角色演好，1991 年谢铁骊导演从一本挂历中发现了她，邀请她拍《古墓荒斋》，当时什么都不懂的周迅有点儿不自信，觉得自己没有功底，怎么能把这角色演好呢？后来她想通了，既然什么都不会，那就通过拍这部电影来学习如何演好一个角色。最后周迅凭借这种虚心学习的精神从这部电影开始受到不少大牌导演的青睐。1999 年她主演的电影《苏州河》获得第十五届巴黎国际电影节“最佳女主角”奖，同时电视剧《大明宫词》在播放后大获成功。虽然这时的周迅已是当时的红人，但是她认为自己还有发展的空间，还有很多地方得向名人学习。在不断的学习中，周迅的演艺事业渐入佳境，逐渐成为国内一线红星。2012 年周迅主演的《画皮》《风声》等电影，2014 年主演的《红高粱》电视剧让她的演艺事业进入巅峰。

周迅之所以能从一个没受过专业训练的迷茫少女成为当代金光闪耀的演艺名人，靠的是她无论什么时候都摆正自己的位置，当她接拍第一部戏时，她没自信、紧张，但是她把这次拍戏当做一个学习如何演好角色的机会。当她成为大家喜爱的名人时，她还是认为自己演得不够好，继续向比她好的人学习，这使得她的演技才不断进步。

天后王菲 1987 年出的专辑受到了大家的追捧，她并没有就此随着音乐的潮流继续出专辑，而是摆正自己的心态和位置，选择去美国进修，因为她知道自己当时的歌曲受到欢迎正好碰到大众喜欢这样的旋律，而自己真正的音乐水平的确不高。

这些成功的女性都能在成功的道路上摆正自己的位置，为自己去创造更好的机会让事业更加长久。

作为职场女性，如何摆正自己的位置来让事业更加成功呢？下面两个小秘诀或许正是开启成功的钥匙。

秘诀一：摆正心态

唐武德元年，薛举率军进攻关中，双方在现陕西长武县发生激战。在这里，李世民打了他一生中唯一的一次大败仗，退回长安。李世民没有就此沮丧，没有像项羽那样吃一次败仗彻底站不起来。他认为虽然自己第一次打败仗，感觉心里极其不舒服，但之前每次打仗都能赢得老天的眷顾，败了一次不算什么，可以东山再起。他分析失败的原因，为下次作战做准备。不久，他便在浅水原之战彻底打败薛军，消灭了陇东集团。

职场中犯错并不可怕，失败一次、两次、三次也不可怕，关键是要在失败和犯错误的时候摆正心态。失败时要多检讨自己，多找失败的原因，尽快改正错误，如此才能让自己的事业重新站起来并且更加长久。

秘诀二：善于听取好的建议

有一次，李世民问魏征："君王怎样才算明智，怎样才算昏暗？"魏征回答说："兼听则明，偏听则暗。"李世民十分赞同，于是，鼓励大小官员积极进谏。公元 630 年，李世民下令修复洛阳宫，以备他去游玩。张玄素劝谏说："如今战争刚结束，社会还未恢复元气，陛下却先下令修缮洛阳宫，如果不停止，一定会遭致隋炀帝、夏桀、商纣王一样的下场。"李世民听了这一席意见，下令停止修复洛阳宫，并且赏赐了张玄素。

李世民当时是一人之下万人之上，但他还是虚心听取他人的意见和建议，所以他治理的国家会兴旺。

无论自己处于何种处境，失意也好，得意也罢，我们都应摆正自己的心态，虚心听取他人的忠告，失之淡然，得之淡然。

启迪人生

作为职场人士，我们应该摆正自己的位置，分清楚什么该做，什么不该做；什么事情特别重要，什么事情重要，什么事情不重要；什么得先做，什么需后做。摆正了自己的位置，才能让自己的事业得到持续的成功。

3 没有谁能随随便便成功，企业家有“法宝”

孟子在《生于忧患，死于安乐》中说：“舜发于畎亩之中，傅说举于版筑之中，胶鬲举于鱼盐之中，管夷吾举于士，孙叔敖举于海，百里奚举于市。故天将降大任于斯人也，必先苦其心志，劳其筋骨，饿其体肤，空乏其身，行拂乱其所为，所以动心忍性，曾益其所不能。人恒过，然后能改；困于心，衡于虑，而后作；征于色，发于声，而后喻。”孟子讲的是舜从田野之中被任用，傅说从筑墙工作中被举用，胶鬲从贩卖鱼盐的工作中被举用，管夷吾从狱官手里释放后被举用为相，孙叔敖从海边被举用进了朝廷，百里奚从市井中被举用登上了相位。所以，上天将要降落重大责任在这样的人身上，一定要先使他的内心痛苦，使他的筋骨劳累，使他经受饥饿以致肌肤消瘦，使他受贫困之苦，使他做的事颠倒错乱，总不如意，通过那些来使他的内心警觉，使他的性格坚定，增加他不具备的才能。人经常犯错误，然后才能改正；内心困苦，思虑阻塞，然后才能有所作为；这一切表现到脸色上，抒发到言语中，然后才被人了解。

所以从古到今没有一个人能随随便便成功，要想取得真经，见着佛珠，就必须经过九九八十一难。就像《真心英雄》里唱的，不经历风雨，怎能见彩虹，没有人能随随便便成功。社会上的成功人士，他们的成功都是付出艰辛的，也许我们看到的是光彩夺目的一面，但是光彩夺目的背后确有不为人知的不易之处。

董明珠是格力集团董事长兼格力电器总裁。2012 年，董明珠成为荣获亚洲质量网组织“石川馨—狩野奖”的第一位女性。2014 年 9 月 17 日，董明珠被联合国正式聘为“城市可持续发展宣传大使”。

在她儿子 8 岁时，丈夫去世了，她带着儿子只身来到珠海工作，她在格力的第一个岗位是销售人员，被安排负责安徽市场。到合肥的第一件事，是向当地一家拖欠了 42 万货款的经销商追债。当时董明珠锲而不舍天天去找那位经销商，经销商对她是爱理不理的样子。直到下班时，董明珠站起身，一个人回到旅馆。再后来，那位经销商干脆避而不见，这更激起了董明珠的犟脾气，天天去“堵”，终于有一天把他堵在办公室，董明珠大声地对经销商说：“你要么还钱，要么退货。否则从现在开始，你走到哪里我跟到哪里！”经过 40 天的斗智斗勇，饱尝冷落、戏弄和欺骗后，董明珠终于追回了货物。从此，她下决心定采用“先款后货”的策略。然而，那时的格力在空调界默默无名，“先款后货”几乎不可能。在一次次碰钉子之后，安徽淮南一家电器商店的经理终于被董明珠的真诚所打动，答应进20万元的货试试看。董明珠终于拿到了20万元的支票。再后来，格力在淮南的市场被打开了。随后在芜湖、铜陵、合肥、安庆，董明珠都打开了局面。仅仅1992年，董明珠在安徽的销售额就突破1600万元，她一个人的销售量占整个公司的1/8。

这只是这个时代成功女性在成功过程中历经的九九八十一难中的一难，如此的艰辛，她们的成功并非我们想象的那么简单容易，我们所看到的日出，都是突破了黑暗的云层才出现的。《阳光总在风雨后》这首歌唱道：“阳光总在风雨后，请相信有彩虹，风风雨雨都接受，我一直会在你的左右。人生路上甜苦和喜忧，愿意与你分担所有，难免曾经跌到和等候，要勇敢地抬头。”这说的就是一个人不能随随便便成功，成功路上会经历很多的风风雨雨，会跌倒无数次，我们要勇敢抬头往前走。

我们如何获得成功，成为众人面前一颗璀璨的明珠？

法宝之一：学会承受

在朝中新旧党争之时，一对鸳鸯被活活拆散，赵明诚和李清照隔河相望，忍受着相思之苦。公元1127年，北方金族攻破了汴京，李清照夫妇也随难民流落江南。漂泊异地，多年搜集来的金石字画丧失殆尽，给她带来沉痛的打击和极大的痛苦。第二年赵明诚病死于建康，更给她增添了难以忍受的悲痛。后来金人铁蹄南下，南宋王朝腐败无能，自毁长城。赵明诚胸怀满腔热血，却出师未捷身先死。目睹了国破家亡的李清照“虽处忧患穷困而志不屈”，在“寻寻觅觅、冷冷清清”的晚年，她殚精竭虑，编撰《金石录》，完成丈夫未竟之功。

李清照一生可谓是坎坷不断，几乎没有顺利过，漂泊他乡的李清照亲眼目睹丈夫出师未捷身先死，这种悲痛谁能承受，谁能扛住，李清照可以，并且在她凄凉的晚年还编撰出《金石录》这部绝世佳作。

法宝之二：沉得住气

吕雉是中国历史上三大女性统治者（吕后，武则天，慈禧太后）的第一个，她有政治家的风度，沉得住气，匈奴冒顿单于乘刘邦之死，下书羞辱吕后，说："你死了丈夫，我死了妻子，两主不乐，无以自虞，愿以所有，易其所无。"吕后采纳季布的主张，压住怒火，平心静气复书说："我已年老弃衰，发齿也堕落了，步行也不方便。"然后赠与车马，婉言谢绝，终于化干戈为玉帛，匈奴自愧失礼，遣使向汉朝认错。

若是吕雉为此大发雷霆，就此反击，那么一场战争在所难免，势必祸及百姓。但是吕雉并没这么做，虚心听取季布的建议，沉住气，压制怒火，用得体的方式进行反击，不仅化干戈为玉帛，还让匈奴遣使向汉朝认错。

其实获得成功的法宝有很多，我们只要记住一点，一个人不能随随便便成功，遇到问题我们要积极面对，想方设法解决问题。

启迪人生

从古到今没有一个人能随随便便成功，要想取得真经，见着佛珠，就必须经过九九八十一难。

4 机遇？把握机遇？会把握机遇！

孟子曰：“齐人有言曰：‘虽有智慧，不如乘势；虽有镃基，不如待时。’今时亦然也。”这句名言是儒家思想的结晶，是哲学上一个不易的定理。你有智慧，聪明绝顶，但如果时机未到，你的聪明才智也发挥不了作用，纵然有天大的本领，也是枉然。

待到时机到来，我们应乘势而上，若有势而不能乘势而上，那只能说自己不会把握机遇。古代作战讲究天时、地利、人和，天时、地利这些就是机遇，人和是指人心齐，把握住天时、地利的机遇。

诸葛亮立下军令状3天之内得到20万支箭，当时诸葛亮运用自己观天象的学识推断出第三天必定起大雾，想起草船借箭之计。果然第三天起了大雾，诸葛亮向周瑜借来几十艘船只和百余兵丁，锣鼓齐备，并且在船上遍扎草人，开到曹营面前擂鼓呐喊，明知曹兵在大雾天定不会出战，只会射箭退敌。果不其然，曹操并不出战，直命曹兵乱箭拒敌。在曹兵乱箭之下，几十万只箭全扎在草人之上，遍布船只两边。诸葛亮估计箭支早已10万有余，命众军士高喊谢曹丞相赐箭，待曹兵知道上当来追时，早已返回江东大营了。船到岸时，周瑜已差五百军士在江边等候搬箭。孔明教于船上取之，可得十余万枝，都搬入中军帐交纳。鲁肃入见周瑜，备说孔明取箭之事。周瑜很吃惊，慨然叹曰：“孔明神机妙算，吾不如也！”过了一会儿，孔明入寨见周瑜。周瑜下帐迎接他，称美曰：“先生神算，使人敬服。”

孔明说：“诡谲小计，何足为奇。”

后人有诗赞曰：“一天浓雾满长江，远近难分水渺茫。骤雨飞蝗来战舰，孔明今日伏周郎。”

孔明曰：“诡谲小计，何足为奇。”其实这并不是诡谲小计，诸葛亮的草船借箭，就是运用自己的智慧看到3天之后机遇会到来，3天之后把握住机遇，利用大雾天气不费吹飞之力得到10万支箭。

蜀国丞相诸葛亮错用马谡，失去街亭后，只有2500军士驻守在西城县。司马懿引大军15万，往西城蜂拥而来。诸葛亮当即传令道：“将旌旗全部隐藏起来，军士们各守卫在城上巡哨的岗棚，如有随便出入城门及高声讲话的，杀！大开四个城门，每个城门用20个军兵，扮作百姓，打扫街道。魏兵到时，不可乱动，我自有计谋对付。”果然，司马懿中计，以为是诸葛亮设计想让其进城，再把他们一举歼灭，司马懿速速退兵。诸葛亮见魏军远去，哈哈大笑起来。

诸葛亮之所以能如此幸运躲过危机，不是他的幸运，而是他善于把握住机遇，他知己知彼，善于把不利的环境看作一个机会，并且把握住，获取成功。

在职场中我们要储备足够多的知识，以备机遇的来临，当你的能力不足时，即使机遇来到跟前，你也只能望洋兴叹，束手无策，空悲切。

启迪人生

机遇不是靠等就能来的，机遇只青睐做好准备的人，为迎接机遇我们要做好充分的准备，在它到来之际，就可以牢牢抓住，走向人生的巅峰。

5 工作中不要聪明反被聪明误

苏轼在一首诗中说："人皆养子望聪明，我被聪明误一生；唯愿孩儿愚且鲁，无灾无难到公卿。"

很多人在看到苏东坡这首诗的时候都觉得很奇怪，苏东坡是唐宋八大家之一，是宋代重要的文学家，他代表了宋代文学的最高成就。但是他为何希望自己的儿子愚直呢？其实，这和苏东坡自己的经历有关系，苏东坡一生因为太聪明，容易遭人嫉妒，遇到了许多不好的事情，当然，他也看到了许多聪明的人没有把聪明用在好地方和好的事情上面，最后聪明反被聪明误，没有得到好的下场。苏东坡也看到了许多愚痴的人活得很幸福，相比那些聪明的人而言，苏东坡更加愿意自己的儿子难得糊涂，懂得吃亏就是福，希望自己的儿子能够无病无灾平平安安度过一生。可见"愚且鲁"并非不可取。太聪明往往会让人陷入"聪明反被聪明误"的怪圈，不如"难得糊涂"更能明哲保身。

郑板桥在雍正十年写给其弟的信中说："愚兄为秀才时，检家中旧书簏，得前代家奴契券，即于灯下焚去。自我用人，从不书券，合则留，不合则去，何苦存此一纸，使吾后世子孙借为口实，以便苛求抑勒乎！试看世间会打算的，何曾打算得别人一点，直是算尽自家耳。可哀可叹，吾弟识之。"

"聪明难，糊涂难，由聪明转入糊涂更难。放一着，退一步，当下心安，非图后来福报也。"这是郑板桥书写"难得糊涂"四个大字后加写的小字说明，也是他的为官之道，更是他的为人之道。现在许多人都把郑板桥的“难得糊涂”作为横幅挂在家里，当作警示名言时刻提醒自己不要耍小聪明，希望自己也能够有郑板桥一样的智慧。

有学者曾经在公开场合如此说，世间聪明人，身受的苦难、麻烦往往比一般人多，书读得越多的人，烦恼也越多。那么，知识究竟对人生的福乐有多少帮助？其实，善用是善知识，恶用则成恶法，表现自己并没有错，但在现代社会，充分发挥自己的潜能，表现出自己的才能和优势是适应挑战的必然选择，可表现自己也要分场合分方式，如果总喜欢耍小聪明，也许就会搬起石头砸自己的脚。

《三国演义》中的杨修作为曹氏集团的谋士幕僚，是三国的悲剧人物。他是个典型的爱耍小聪明的人，其爱耍小聪明的性格其实与他的家学渊源有极大关系。杨氏家世为汉名门，祖先杨喜在汉高祖刘邦时期就封侯拜相，史书记载：“自震（杨震）至彪（杨彪），四世太尉。”如此显赫的家世，只有四世三公的袁氏世家可以媲美。杨修在建安中举孝廉，除郎中，又任丞相府主簿，可以说杨修的确是有自负的资本。

据《三国志·曹植传》记载：“修年二十五，以名公子有才能，为太祖所器”，又有“是时，军国多事，修总知外内，事皆称意”。可见杨修才华出众，能力超群，所以深得曹操的信赖和器重，曹操才会任以“总知外内”的主簿一职，而且“事皆称意”。而由“自魏太子已下，并争与交好”的状况可见，当时连魏太子曹丕也要巴结他，而其中的“并争”交好，可以想见当时杨修受热捧的程度之深，引得人人都想要讨好他，可以想见他当时地位之重要。侧面来说，这也可证明杨修当时是深得曹操信任和倚重的府吏，而且关系比较密切，经常参与曹操的政治军事活动。望族之后，满腹才华，深受赏识和重用，如此种种，都促成了杨修自负爱现人格的发展和深化，最终他的才华和自负却给他带来了杀身之祸，不禁令人叹惋，可谓“聪明反被聪明误”。

杨修虽然一度深得曹操的器重，却最终以罪被诛，杨修表面上看起来是恃才傲物招人妒，实际上是自作聪明惹的祸。罗贯中的《三国演义》更大肆描绘和渲染此事，以贬斥曹操的忌才和残忍。其实，除了与曹操的矛盾外，是杨修的小聪明给他埋下了人生悲剧的祸根。

有小聪明的人常常表现得聪明伶俐，能言善道，机灵敏捷，有小聪明的人一般情况下比较善于伪装，习惯于纠结琐碎细致的事情，比较缺乏综合思维能力，总体表现是高智商低情商。在现代职场，这其实是最不讨好的“聪明”，一不小心就被自己的聪明误了前程。

李欣是个典型的白领，她总是自以为是，自认为自己比其他人聪明，还喜欢与别人做比较。平时在公司里，她总是喜欢卖弄炫耀自己的才华和能力，觉得自己能够对所有话题夸夸而谈是一种引人注目的方式，对于同事们善意的微笑她还常常觉得不满足，只有听到同事的肯定和赞赏才肯罢休。起初同事们对李欣还比较客气，可时间久了之后，李欣斤斤计较的性格让同事们极为反感，渐渐地开始疏远和排斥她，这让她十分不解。她向公司一个年岁比较大的女同事请教，女同事告诉李欣大家对她的观感，李欣才知道自己的问题究竟出在哪里，她努力地改正自己爱耍小聪明的个性，慢慢地也越来越受欢迎。

在职场中，像李欣这样爱耍小聪明的人有很多，爱耍小聪明的性格与个人自我意识发展相关，是对自我的认识和评价超出估计，以至形成虚妄的判定，显得过度自信，爱慕虚荣。

老子说：“知者不言，言者不知。”这说的是过多的揣测甚至张扬卖弄，不仅会让人觉得浮夸和不可靠，还会让他人产生反感情绪和戒心，不利于人际发展。所以，人们应谦虚好学，注重知识的积累，不求速成。在日常生活和工作中，要学会对自己的言行负责，不要肆意对自己不了解的问题夸夸其谈，特别是在揣测某些事物时，应基于事实，有理有据，了解事物的各个方面，抓住事物的本质，只有这样，才能更好地为人处世，处理好自己的人际关系，让自己变得越来越受欢迎，也让自己的事业越来越成功。

启迪人生

在现代社会，充分发挥自己的潜能，表现出自己的才能和优势是适应挑战的必然选择。可表现自己也要分场合分方式，如果总喜欢耍小聪明，表现得使人看上去矫揉造作很别扭，好像是做样子给别人看似的，那就另当别论了。

6 先舍后得，责任使你出类拔萃

追根溯源，舍得一词最早出自《了凡四训》。《了凡四训》中说："舍得者，实无所舍，亦无所得。"

《金刚经》中说："是谓舍得，应无所着而生其心。"据说《金刚经》在传入中国后，其中所提倡的舍得禅理，迅速与中国传统的老庄道学思想相互融汇，成为禅的一种哲理。随着光阴的流转，舍得这一禅理，又迅速渗透到中国老百姓的日常生活之中，并逐步演进为一种雅俗共赏、启迪心智的生活禅理。

舍得既是一种生活的哲学，更是一种处世与做人的艺术。舍与得就如水与火、天与地、阴与阳一样是对立又统一的矛盾概念，相辅相成，存于天地，存于人生，存于心间，存于微妙的细节，囊括了万物运行的所有机理。万事万物均在舍得之间，达到和谐，达到统一。要得便须舍，有舍才有得。

武则天是中国历史上唯一正统的女皇帝，她在位期间任用了很多贤臣来治理天下，在历史上以知人善任著称。武则天一朝号称君子满朝，娄师德、狄仁杰等著名的贤臣均在其列，后来的开元贤相姚崇和宋璟也是武则天时期提拔起来的。但是，一直以来，武则天为夺取后位，杀死了自己的亲生女儿嫁祸王皇后的说法在民间广为流传，这个说法也得到了正规史学著作的传扬。那么，究竟有无其事呢？

《唐会要》卷三“天后武氏”条下是如此记载的：“昭仪所生女暴卒，又奏王皇后杀之，上遂有废后之意。”

当时的武则天是昭仪，属于皇帝九嫔之首，正二品。这是武则天跟唐高宗所生的第二个孩子，第一个是长子李弘。根据《唐会要》的记载，武则天和高宗所生的公主确实夭折，因为不知道死亡原因而且死得突然，所以称作暴卒。武则天充分利用了公主之死，采用悲情主义的诉求方法，把公主之死的责任推给自己的情敌王皇后。在当时的局势之下，聪慧的武则天做出嫁祸王皇后的举动，她懂得有舍有得，虽然她的舍让她痛彻心扉，但是她却得到了权倾天下的帝位。

懂得舍得的还有清朝的孝庄皇太后。说起孝庄的事迹，无论野史还是正史都有很多的记载和传说，虽然真实的孝庄皇太后早已经被历史的尘埃遮盖，她许多传奇性的故事也显得扑朔迷离起来，比如她是否在尊为太后时下嫁了多尔衮，不管如何，后人们根据史料记载，剥开历史的迷雾，还是能清楚地看到她的伟大、隐忍、果敢和大义，看到她的舍与得。

其实，认真地说起来，孝庄与多尔衮的关系密切起来源于皇太极的死，而远不是民间传说的两人早在大草原时期就已经一见钟情。皇太极死后，一场汗位争夺战重新开展。多尔衮与豪格两个人的实力旗鼓相当，当时如果两人明刀明枪打起来，满清即使不亡也会实力大损。无奈之下，双方决定各退一步，另立别的皇子。经过孝庄从中斡旋，福临继承了皇位。小皇帝尚年幼，摄政王多尔衮大权独揽，政权易主随时都可能出现。孝庄如何保住自己儿子的皇位？她必须嫁给多尔衮，这也多少有政治婚姻的味道。说到底，孝庄皇太后下嫁多尔衮的做法，除了野史所猜测的私人感情之外，一个最深切的动机，其实还是为了保住儿子的皇位。这是一个母亲在儿子性命面临威胁时的承担。

舍得就是一种责任的承担，舍得还是一种隐忍，舍得还是一种智慧。有舍有得，不舍不得，大舍大得，小舍小得，其实舍得无时无刻都存在于我们的工作和生活中，演绎着成功和失败。舍得是一种哲学，舍得更是一种艺术，舍得让我们无所畏惧，舍得让我们在面临困苦的时候更有担当，只有学会舍得，你才会成为勇于承担责任的现代成功女性。

14 年前，默多克与第二任妻子突然离婚，并在 17 天后与小他 38 岁的邓文迪闪婚的消息震撼了世界，而邓文迪也因为签署了放弃财产的婚前协议再一次让人们相信了爱情这个虚幻东西的存在。之后邓文迪再一次闻名全球是因为英国议会就《世界新闻报》窃听丑闻质询默多克父子时，一名男子突然从听众席蹿起，手拿餐盘，跨过默多克旁边的人对其袭击，在默多克身后的邓文迪迅速起身反击，第一时间抬手就给了袭击者一巴掌。这次护夫事件之后，许多人还都沉浸在羡慕之时，82 岁的默多克与 44 岁的邓文迪在法庭上客套地握了握手并简单地拥抱了一下，结束了他们的婚姻。邓文迪为默多克生下的两个未成年女儿，也成了价值 870 万美元的无投票权基金的受益人。

邓文迪曾经在一次采访中公开说：“嫁给默多克，唯一的解释就是爱情，虽然这样的解释太过于苍白无力，因为他不是一个卖菜的老头。剥开财产和地位的外衣，不过是一个女人嫁了一个男人，他们很相爱，仅此而已！”

邓文迪从一个普通的华裔女孩走到现在的地位，一路的艰辛可想而知。她是一个奇迹的缔造者，也是一个懂得舍得懂得承担责任的人，她聪慧无畏，深知如何运用天赋的才华使之效用最大化，她目光坚定，如愿在男人的世界里踢打出了一片天下。她努力进取，在前进的道路上遇佛杀佛摧枯拉朽，她是新时代女性效仿的榜样。

舍得，有舍才有得。简单的一句话，包含了人生的处世智慧与道理。因为，真正豁达的人懂得超脱，真情的人懂得奉献，幸福的人懂得放弃，智慧的人懂得得与失。人生在寻找得的同时总要付出代价，正确地认识得与失，人就会在得到的时候懂得必然的失落，也会在失落的时候懂得如何从失落中找回自我。举得起放得下叫举重，举不起放不下叫负担。做你爱做的事并不意味着生活过得轻松，但绝对可以活得更精彩。人类的智慧不是埋藏在前人的经验里，而是潜伏在自己的心灵中。自己把自己说服了，是一种理智的胜利；自己被自己感动了，是一种心灵的升华，学会舍得，学会承担责任，是一种人生的成熟。

启迪人生

舍得就是一种责任的承担，舍得还是一种隐忍，舍得还是一种智慧。有舍有得，不舍不得，大舍大得，小舍小得，其实舍得无时无刻都存在于我们的工作和生活中，演绎着成功和失败。

7 发自内心地喜欢自己的工作

孔子在《论语·雍也》中说："知之者不如好之者，好之者不如乐之者。"懂得它的人，不如爱好它的人，爱好它的人，又不如以它为乐的人。

孔子是儒家学派的创始人，是中国古代历史上最著名的学者，他在几千年前就告诉了人们兴趣的重要性。俗话说，兴趣是最好的老师，如果人们对自己的工作感兴趣，不仅能够以工作为乐事，还能够大幅度提高工作的效率。

南北朝的颜之推在《颜氏家训》中说："元帝在江、荆间，复所爱习，召置学生，亲为教授，废寝忘食，以夜继朝。"

《颜氏家训》是国学的勉学经典之作，成语废寝忘食就出自其中，废寝忘食是一种浑然忘我的工作状态，以夜继朝是一种全身心投入工作的态度。古人早就明白这个世界上最糟糕的事莫过于厌恶自己的工作，或许环境逼迫你去做些单调乏味的工作，但你应主动使它充满乐趣。如果我们想在工作中获得良好的效果，就应该以这样的态度投入到工作中去。在工作中，我们可以得到经验、知识和信心。工作越热情，决心越大，工作效率就肯定越高。以这样的热情对待工作，工作起来我们就会乐在其中，也就会有很多人请你去做你乐意的事。要知道，工作的目的是使自己更快乐！每天的八小时工作就如同在快乐地游戏，这是多么划算啊！

班昭是西汉著名女文学家班婕妤的侄孙女，东汉史学家班彪之女，著名文学家、史学家班固之妹。班固著《汉书》未完稿而不幸去世，汉和帝诏令其继兄之志，完成这部不朽的断代史著。不久，又因其学识渊博，被召入后宫，和帝命后妃宫嫔以师礼相待，宫中号称“曹大家”。朝中每有国外贡献奇珍异宝，常诏其作赋以颂。邓太后临朝称制，常让其参与朝政，向其咨询天下大事。

《汉书》初出时，未有能通者，朝廷诏令马融等从其诵读。班昭一生治学严谨，高才博识，在文学和史学上成就极高，主要表现在四个方面：其一，她帮助兄长班固完成《汉书》创作工程的未竟事业，使得我国史学界第一部断代史著不致有“见首不见尾”的缺憾。其二，传播《汉书》。《汉书》问世后，读解甚难，她设帐讲学，对《汉书》的传播起到了举足轻重的作用。其三，著述丰富。班昭创作成就十分可观，其去世后作品由其子妇丁氏编辑成《曹大家集》三卷，可惜至唐代时亡佚。今尚存16篇，包括赋、颂、诔、铭、问注、书、论等多种文体，可谓众体兼备，无体不工。其四，对汉代抒情小赋的形成影响极大。班昭今存完整赋作四篇，另有拟物赋残篇作品三篇，尤其是《东征赋》，写她随子赴任，悼古感怀，颇有情致。这篇赋作在东汉初期的一味模仿因袭、竭尽美化帝业之能事的散体大赋仍然充斥文坛时期，能独树一帜，精简篇幅，表现真实情感，给沉闷的赋坛吹进一缕新鲜空气，影响极大。

用现在的话说班昭是个学霸，要是放到现在肯定是个资深级别的教授，班昭把学习和创作当成了自己终身的工作，并且沉醉在其中，乐此不疲，她是个伟大的女学者，是值得所有人尊敬的大家。班昭把个人爱好和工作完美结合，她的工作并不是单调而乏味，工作是她的爱好，令她充满活力，也让她事半功倍。从班昭的身上就能够看出，一个能够自我实现的人应该把兴趣与职业有效融合，做在其中，乐在其中。其实，人生最有价值的事莫过于工作，成功者都能在工作中找到乐趣，并能把这种东西传给别人，与别人共同分享。

相对于发自内心喜欢自己工作的古人来说，有很多大公司的员工，虽然他们受过职业训练，知识广博，薪水不菲，有着令人羡慕的工作，但他们往往并不愉快，他们孤独，他们紧张，甚至未老先衰，他们无论是外在的身体健康还是内在的心理健康，都令人担忧。他们的工作也往往都是为了生存，因而也就常常视工作如紧箍咒。

作为中国最有影响力的女性之一，杨澜始终强调工作对于女性的重要性。她曾经针对工作的重要性对职业女性做过一项调查，调查的结果表明，即使男友或丈夫能够提供稳定的经济收入和舒适的家庭生活，依然有70%的女性会选择外出工作。杨澜认为，让女性放弃安逸的生活而选择继续工作的主要原因就是因为工作所能带给女性的成就感，以及成就感所带来的愉悦感，愉悦感所产生的对自我价值的认定。

就像杨澜所说的，你需要发自内心地喜欢自己的工作，需要全身心地投入到工作中。如果你在工作中如愿以偿地得到了乐趣，就不要轻易变动。但如果觉得工作压力日益增大，情绪日益紧张，在工作中体会不到乐趣，工作也没有给你带来成就感，这就需要我们从心理上调节自己，否则，再换工作也无济于事。

启迪人生

让女性放弃安逸的生活而选择继续工作的主要原因就是因为工作所能带给女性的成就感，以及成就感所带来的愉悦感，愉悦感所产生的对自我价值的认定。

8 做公司最赚钱的职员

古语有云：“追求卓越，臻于至善。”

“臻于至善”这句话出自古代四书中的第一本《大学》，《大学》开宗明义就有这样一句：“大学之道，在明明德，在亲民，在止于至善。”意思就是，成年人为学的根本在于修明自身，用自己学问的道和德的成就，投向人间，亲身走入人群社会，亲近人民而为之服务，最终达到完美的境界。

《论语·泰伯》中说：“士不可以不弘毅，任重而道远。”

这句话是孔子的学生曾参所说，它的意思是说，读书人不可以不刚强坚毅，因为他们责任重大而且路途遥远。对此，他进一步解释为：“仁以为己任，不亦重乎？死而后已，不亦远乎？”这句话的意思是说，以实现仁德于天下为己任，这个责任不是很重大吗？奋斗到死才停止，这个历程不是很遥远吗？

曾参在孔子的弟子中一向被认为是性情温和的人，可是这几句话却掷地有声，表现了他对道德的自信和对人格理想的执着追求。

古人常说：“学贵以专，止于至善。”说的是，要认真专一地学习，以达到最好的境界。话虽然很简单，实行起来却不是容易的事。

苏秦是战国时最著名的纵横家，他本想说服秦王以统一六国之术，可能是因为学艺不精，秦王不采纳。不少人以为苏秦会因为秦王的拒绝而放弃，可谁知苏秦回去之后竟然更加发奋读书，有时候竟然在读书想睡觉时就用锥子刺自己的大腿。几年之后，苏秦学业精进，说服六国合纵抗秦，小觑苏秦的秦王也终食苦果。秦国在六国的联合抵抗下，长达十五年兵不敢出函谷关，秦王因为曾经拒绝苏秦而为之悔恨不已。

苏秦锥刺股以致成就大业，诚如唐宋八大家之一的苏东坡所说，古之立大事者，不惟有超世之才，亦必有坚忍不拔之志。如果我们没有超人的智慧，可以有坚韧不拔的意志。如果我们无法成为大人物，也可以成为自己的英雄，成就属于自己的梦想，让自己成为有价值的人，过好属于自己的人生，让自己的生命完满。

前不久火遍全球的《甄嬛传》中聪敏机智的甄嬛娘娘征服了全世界的观众，但我这里要说的却是令大家都恨得牙痒痒的安陵容安小主，这位安小主在费尽心机争宠的时候用尽各种办法让自己的体态变得轻盈，在冰湖之上翩翩起舞的情景相信很多人都记忆犹新，虽然在冰湖上跳舞对于她来说是个不可能完成的任务，但是她却凭借自己的努力成功了，不得不说，她志存高远，敢于追求卓越，是一个勇敢的人。

安陵容在冰上跳舞带给人的震撼或许不是特别大，我的朋友就曾经问过我这样一些问题，比如说，比尔·盖茨为什么能够开创微软？乔丹为什么能够成为NBA的顶级明星？达·芬奇为什么能够画出震惊世界的名画《蒙娜丽莎》？

有些人认为比尔·盖茨、乔丹和达·芬奇并非平凡人，他们天生会创业，天生会打篮球，天生会作画。但是，真的如此吗？要知道，比尔·盖茨10岁就在一家美国软件公司学习测试软件，每天要工作12小时，一直到他上大学开始创业；乔丹6岁就开始练习篮球，每天不间断地训练8小时以上，一直到他进入NBA；而达·芬奇画鸡蛋的故事，更是家喻户晓。还有一个公认的天才——股神巴菲特，他从6岁开始思考投资，每天的阅读量和花在投资上的时间是常人的10倍以上，日积月累，才得以创造出数百亿的财富神话。

其实人们生来具有相似的能力，只不过这些能力在他们的生命历程中被发展到不同的程度而已。天才并非上天赐给少数人的礼物，理论上，任何一个普通人只要方法得当勤加练习，都可以成为任何一个领域的专家，都能够成为更有价值的人。观察一下我们身边的技术骨干们，其精湛技术的背后，是扎扎实实打基础，勤勤恳恳练技能，以及无数个攻坚不眠的日日夜夜。

说起全球目前最会赚钱的年轻人，扎克伯格算其中之一。他是Facebook（脸谱网）创始人，被人们冠以“盖茨第二”的美誉。Facebook发源于哈佛大学，是美国第二大社交网站，同时也是目前社会化网络和web2.0的风向标。这个网站目前全球排名第8位，微软公司刚刚宣布投资2.4亿美元以发展其广告事业。估值超过150亿美元。而Facebook开放平台的推出，更是让互联网业内认为它是最有可能和Google比肩的公司。创建于2004年2月的Facebook，短短4年就创下了互联网历史上最高速增长的成就，成为当今互联网发展的一个奇迹。

facebook在2010年的注册用户已经超过了4亿，同时在线人数也超过了1亿，并且首次在2009年实现了正常运营，即不用再靠风险投资过日子，facebook通过网站的广告收入已经能够维持自己的开销。在2010年福布斯公布的资产排行榜里，扎克以40亿美元成为最年轻的入榜人。

扎克伯格曾经出席过一个学校的交流会，在会上，扎克伯格也用最简短的话概括了自己的赚钱心得——“别做得乱七八糟”“你能跑多快，决定了你将有多强”。

其实，扎克伯格所说的赚钱心得，就是简单的八个字，“追求卓越，志存高远”。现在许多工作时间并不是特别长的年轻人，特别容易浮躁，并且总是抱着一些不切实际的幻想。其实，在追逐美好未来和实现梦想的道路上，需要脚踏实地，一步一步地努力去实现自己的目标；需要以勤为剑，才能踏上努力超越，追求卓越的道路。有时候，甚至需要付出你想象不到的艰辛。但是，这也将会让你的人生变得更有价值，也会让你本身变得更有价值。如果你能够更专注、更快速、更精确地把工作做得比别人更完美，自然而然地你就会成为全公司最会赚钱的员工。

启迪人生

任何一个普通人只要方法得当勤加练习，都可以成为任何一个领域的专家，都能够成为更有价值的人。

第五章

在国学里，找到幸福的密码

在价值取向多元化的社会背景下，国学文化是解除内心焦虑、重塑美好人生的最佳选择。难得糊涂可以擦亮幸福，经得起诱惑、耐得住寂寞才能寻找到内心的充实与安宁。在“儒、释、道”的传统国学文化中汲取智慧，学几分潇洒，不贪婪、不嫉妒，以祥和心态和睿智头脑做一个理性女人。在国学里，找到幸福的密码，让自己成为一个幸福的女人。

1 你若盛开，清风自来

《诗经》里有许多著名的诗句都是描写美好的女子形象的。比如："关关雎鸠，在河之洲，窈窕淑女，君子好逑。""蒹葭苍苍，白露为霜。所谓伊人，在水一方。""桃之夭夭，灼灼其华，之子于归，宜室宜家。"作为中国最古老的一部现实主义诗歌总集，诗经记录了许多男女之间思慕、相爱的情谊，并给后世的人们留下大量历史文化的精美宝藏。现在，我们仍然用"窈窕淑女"来形容女子的文雅端庄，用"宜室宜家"来形容女子的温和气度。"窈窕淑女，君子好逑"，这句话告诉女人，只要自己足够优秀，就能够吸引到爱慕者的追求。

我以前认识这样一个朋友，十年前我和她就是同事。她常和我谈个人问题，说自己的男朋友是外国华侨，说自己天天在网上和男朋友聊天、视频，说他男朋友人很帅，很幽默，而且很有钱。我们问她，你和他是怎么认识的？她说是在一次网络发起的聚会活动里认识的。这位朋友经常把她的男朋友挂在嘴边上。实话实说，我们都不相信。因为那个女孩子相貌实在很一般，勉强能够60分的长相。虽然身材还算过得去，但她不会打扮，也没什么特别时尚、得体的衣服。她每换一件衣服，都跟刚从农村老家来到北京的村妞似的。这样的女孩子，不会有很帅、很有钱、很幽默的外国男朋友。我觉得，如果是根本没见过面的那种网恋还差不多。可即便是网恋，人家要视频，她怎么掩饰自己的真容呢？所以，这件事我们就只当笑话听，从未认真追问过什么。

果然，大约过了一年之后，关于她男朋友的事她就不再提了。此后，我们不再做同事，但偶尔还联系。她忽然让我介绍个男朋友给她。我认真地答应了，并从自己身边的单身男性朋友中找了一个觉得和她很匹配的，并安排在一个麦当劳里见面。聊了不到二十分钟，女孩子就走了，事后给我打电话说对男孩子不满意，并指责我说：这样的男人都给她介绍，真是够了！

我无端挨了一顿埋怨，此后和她的联系就断了。

我实在不知道该怎么去形容这种女孩，爱慕虚荣到如此程度，却不努力提升自己，而是满嘴的胡言乱语，每天生活在自我制造的虚幻感觉里，比十八岁的小姑娘还幼稚，不知道是该说她天真呢，还是该说她愚蠢。

有一句社会上的流行语说得很有意思：21 世纪的新女性标准是上得了厅堂，下得了厨房，杀得了木马，翻得过围墙，买得起好车，住得起好房，斗得过小三，打得过流氓。虽然这些话是戏谑之言，但也说明了现代社会对于女人的标准要求更高了。

所以，女人当自强。钻石珠宝要配金银首饰，顽石土块只能被踩在脚下，虽然宝石和顽石的组成物质都是二氧化硅，但其实已是天壤之别。

> 《失恋三十三》里的黄小仙的前男友坐车绝尘而去，黄小仙拼命在车后面追：我要追上那辆车，我有话要跟他说。我要问他，我知道我做错了什么，你可不可以在下面，再等我片刻？我愿为你没有尊严地一步步走了下去，为了惩罚我，我甚至愿意一路滚到你脚边，从此和你平起平坐，你能不能再等等我，前路太险恶，世上这么多人，唯有你是令我有安全感的伴侣，请不要就这么放弃我，请你别放弃我。我一定要对他说：我不再要那一击即碎的自尊，我的自信也全部是空穴来风，我能让你看到我现在有多卑微，你能不能原谅我？求你原谅我？而后来，大老王劝黄小仙说："回家去洗个澡，好好睡一觉，把自己好好整理整理，别搞得一适龄少女跟库存甩货似的。"

过了那个寻死觅活的阶段，女人也会笑自己，不就是失恋嘛，有什么大不了的，关键是不要失去自信，不要搞得失去一个男人，就像被全世界都拒绝了似的。

不但爱情如此，事业也是如此。只要女人肯努力，肯坚持，肯拿出一股子不服输的狠劲对自己，就会离目标越来越近。

《中国好声音》有一个叫金池的34岁深圳女学员，我是很欣赏的。她唱歌的辨识度很高。她在节目里讲，她唱了十年歌，从1999年开始她抵押房屋准备自己的第一张原创唱片，历时三年后在2002年准备出唱片前，她的签约公司的大部分员工发生车祸，该公司倒闭。唱片梦也就此破灭。同年她因家中变故，加之自己之前借钱出唱片，总共欠债四十多万。她24岁变成为全家人的支柱，以在酒吧驻唱还清债务。但她从未放弃过自己唱歌的梦，她说："我非常喜欢唱歌，我的梦想就是出一张属于自己的唱片。今天我来到《中国好声音》，因为它是一个公正公平的舞台，我渴望在这个舞台上唱歌，让我的父母和导师都看到，我，金池，一直都在坚持着歌唱，我想大声地告诉所有人，这十年来，我的坚持是值得的，是有价值的。"金池因为勇敢地坚持，因为不懈地努力，有能力、有力量站上了"好声音"的舞台，并从此真正踏上了歌唱这条道路。

古语云："世有伯乐，然后有千里马。千里马常有，而伯乐不常有。"如今时代已经不同，是金子总会发光。女人不要顾影自怜、哀叹男人没眼光，也不要抱怨找不到伯乐，正所谓"你若盛开，清风自来"。

启迪人生

要相信，在这个世界上，你就是最好的自己。无论是事业还是爱情，要始终抱持着接纳自己的态度，找到真正匹配的那一个。

2 难得糊涂可以擦亮幸福

清朝乾隆年间，画家郑板桥中了进士，做了山东范县县令。寡妇朱月姣告状说魏善人欺侮她，魏善人说她借了银子想赖账。郑板桥马上明白其中原委，就装糊涂判魏善人赢，迫使他赔偿她二十两银子，从此郑板桥就有“难得糊涂官”的美称。

人之所以不快乐，就是因为活得太明白了。所谓活得明白，就是说明人太有理性、太自制。有句话说：“水至清则无鱼，人至察则无徒。”这便是强调了一种理性思维的弊端，理性思维是一种有明确的思维方向，有充分的思维依据，能对事物或问题进行观察、比较、分析、综合、抽象与概括的一种思维。说得简单些理性思维就是一种建立在证据和逻辑推理基础上的思维方式。理性思维是人类的一种高级思维模式，是人类把握客观事物本质和规律的能动活动。善于理性思维的人凡事都认真、都要弄出个究竟，所以，社交活动时给人的印象就是严肃、刻板、不苟言笑的。而感性思维的人则活泼、开朗，喜爱社交，大多数女人偏于感性思维模式，所以容易情绪化，对待事情就很难做出一分为二的判断，很难理智、清醒地分析和解决问题。

有一天，莎莉按照惯例在六点打开录影带播放韵律操，她很意外地看到画面出现了光身子的男人，他正和一个女销售员做爱。那个女人穿着红色蕾丝的性感内衣，有袜带的丝袜和高跟鞋。这无疑是丈夫给妻子的最戏剧性的暗示，把出轨的录像放进妻子的录影带里。莎莉快崩溃了。她知道丈夫是故意的，丈夫明显要她找他闹，然后借机和她离婚。莎莉没有选择和丈夫谈判，而是趁着丈夫出门的时候把自己的上司带回家。可恰巧，丈夫那天中途回来了，丈夫把莎莉的上司揍了一顿。本来有些爱慕莎莉的上司恼羞成怒，第二天就把莎莉开除了。莎莉不但没了家庭，也没了工作。

而相同的事情发生在张学良身上，事情的结局却完全不同。

于凤至，是张学良的原配夫人，1915 年由张作霖主婚在东北嫁给张学良的。于凤至在张家持家勤俭严明，很受张家的器重。

赵四小姐，名叫赵一荻，与张学良相识在 1926 年前后。赵四小姐名赵绮霞，排行第四，父亲是当时北洋政府交通部次长赵庆华。赵四经姐姐介绍与张学良认识，并深深爱上了这位潇洒的少帅。之后，赵四与张学良私奔。

从此，张学良家有发妻于凤至，外有痴情的赵四小姐，已有齐人之福。于凤至在得知张学良和赵四的事情后，并未表现出过多的愤怒、嫉妒，甚至没有指责和埋怨。而赵四小姐一直没名没分地跟着张学良，没有过代替于凤至的念头。

两人相伴十年后，西安事变发生。于凤至赶到溪口，陪伴囚禁中的张学良。从溪口一直陪着张学良到安徽、江西、湖南、贵州等地，前后三年。在此期间，远在伦敦的次子患了精神分裂症。肝肠寸断的于凤至一边忍受着对母亲来说最为残酷的精神折磨，一边宽慰张学良。1940 年，于凤至不幸患了乳腺癌，在宋子文等人帮助下孤身赴美国治病。从此与张学良诀别！

此后二十年，赵四小姐仍然陪伴在张学良身边，而远在美国的于凤至再也没回来。直到 1964 年，时光荏苒已是三十年光阴，张学良信奉了基督教，因为基督教要实行一夫一妻制，于凤至与张学良终于离了婚，赵四小姐成了一位白发新娘。

于凤至给赵四小姐写了一封信：

荻妹慧鉴：

时间过得真快，自从 1940 年我赴美医治乳癌，已经廿余年不曾见面，真是隔海翘首，天各一方！

记得是 1928 年秋天，在天津《大公报》上看到你父亲赵燧山因你和汉卿到奉天而发表的《启事》，声称与你断绝父女关系。那时虽然我与你还不相认，但却有耳闻。你是位聪明果断、知书达理的贤惠女子。你住进北陵后，潜心学业，在汉卿宣布东北易帜时，你成了他有力的助手。为了家庭和睦，你深明大义，甚至同意汉卿所提出的苛刻条件：不给你以夫人名义，对外以秘书称谓。从那时开始，你在你父亲和公众舆论的压力下，表现出超人的坚贞和顾全大局的心胸，这都成为我们日后真诚相处的基础与纽带！

你我第一次见面，是 1929 年的冬天。我记得，那天沈阳大雪纷飞，我是从汉卿的言语上偶尔流露中得知你已产下一子，这本来是件喜事。但是我听说你为闾琳的降生而忧虑。因为你和汉卿并无夫妻名分，由你本人抚养婴儿实在是件很困难的事情。你有心把孩子送到天津的姥姥家里，可是你的父亲已经声明与你脱离了关系，你处于困窘的境地。我在你临产以前，就为你备下了乳粉与乳婴的衣物。那时我不想到北陵探望，令你难为情。我思来想去，决定还是亲自到北陵看你。我冒着鹅毛大雪，带着蒋妈赶到你的住处，见了面我才知道你不仅是位聪明贤惠的妹妹，还是位美丽温柔的女子。你那时万没有想到我会在你最困难的时候来“下奶”，当你听我说把孩子抱回大帅府，由我代你抚养时，你感动得嘴唇哆嗦，眼泪就像断了线的珠子一样滚落下来，你叫一声：“大姐！”就抱住我失声地哭了起来……

汉卿后来被囚于奉化，你已经由上海转香港。我非常理解你的处境，你和闾琳暂避香港完全是出于不得已！经我据理力争，宋美龄和蒋介石被迫同意我去奉化陪狱。嗣后，我随汉卿转辗了许多地方，江西萍乡、安徽黄山、湖南郴州，最后又到了凤凰山。转眼就是三年，荻妹，我只陪了汉卿3年，可是你却在牢中陪他20多年。你的意志是一般女人所不能相比的，在我决心到美国治病时，汉卿提出由你来代替我的主张，说真的，当初我心乱如麻。既想继续陪着他，又担心疾病转重，失去了医治的机会。按说你当时不来相陪也是有理由的，闾琳尚幼，且在香港生活安逸。我和你当时面临一个痛苦的选择，要么放弃闾琳，要么放弃汉卿，一个女人的心怎能经受得住如此痛苦的折磨？

后来，你为了汉卿终于放弃了孩子……荻妹，回首逝去的岁月，汉卿对于我的敬重，对我的真情都是难以忘怀的。其实，在旧中国依汉卿当时的地位，三妻四妾也不足为怪（依先帅为例，他就是一妻五妾）。可是，汉卿到底是品格高尚的人，他为了尊重我，始终不肯给你以应得的名义……闾瑛和鹏飞带回了汉卿的信，他在信中谈及他在受洗后不能同时有两个妻子。我听后十分理解，事实上20多年的患难生活，你早已成为了汉卿最真挚的知己和伴侣了，我对你的忠贞表示敬佩！……现在我正式提出：为了尊重你和汉卿多年的患难深情，我同意与张学良解除婚姻关系，并且真诚地祝你们知己缔盟，偕老百年！

特此专复

顺祝

钧安

姊：于凤至

于旧金山多树城

1963年10月

1990年3月20日，于凤至逝世。儿女依照她的遗嘱，在洛杉矶的比佛利山麓上安葬了于凤至，并在于凤至的墓隅掘土造穴，遵照母亲生前的遗嘱在她的墓旁造一空穴。那是留给于凤至心中永远的丈夫的。至此，张学良、于凤至和赵四小姐的情史跨越了几十年终于落幕了。

这段跨越了半个世纪的特殊爱情故事，曾感动了许多人。于凤至是深爱张学良的，所以在得知他有了赵四之后并没给丈夫难堪，而是隐忍下来，并坚持承担自己的责任。她在保全了自己爱情的同时，也给另外两个人留下了美满的结局。

我们讲张学良和于凤至、赵四小姐的故事，并不是教女人委曲求全、为爱受苦，而是告诉女人，在爱情中，能做到既保全自己、又放过他人是不容易的，需要学会忍耐和克制，需要学会难得糊涂。

每一个人都会长大，有些事，问得太清楚，便是无趣。佛陀说：人不可太尽，事不可太尽，凡是太尽，缘分势必早尽。有时候，难得糊涂，才是上道。

启迪人生

聪明难糊涂难，从聪明到糊涂更难。学几分潇洒，不贪婪、不嫉妒，以祥和心态、睿智头脑做一个理性女人。

3 知识和爱，幸福的两个源泉

苏轼是宋代的大文豪，他有个妹妹名叫苏小妹，传说苏小妹很有才华，她曾在新婚之夜为夫婿秦少游出对子，秦少游对出来，才能进洞房成亲。成亲当天，苏小妹站在屋内，她推开窗户，对着外面的秦少游吟出一个上联：闭门推出窗前月。当时，洞房前院中有一水池。月明星稀，池中月圆如盘。三更鼓响，秦少游在池边转来转去，低头沉思，只是"发窘"续不出来。苏东坡隔着花墙望见，为他着急。情急之中，见地上有一石子，计上心来，信手拣起，逾墙执入池中。只听"嘭"的一声，平静的水池立即水花四溅，涟漪泛起，月盘破碎。秦少游才思敏捷，旋即吟出"投石击破水中天"的下联。苏小妹用对联去考察夫婿的才华，这首先是以自己的才华为基础的。

虽然有知识不一定就能看透生活本质，但眼界和心胸会比孤陋寡闻的人开阔得多，不会轻易被世俗所扰。科学技术是改造世界的知识的总和。科学界最为人熟知的一对夫就是居里夫妇。他们志趣相投，并用自己的不懈努力改变了世界。

1896年，贝克勒尔发现了铀盐的放射性现象，居里夫人决心研究这一不寻常现象的实质。她先检验了当时已知的所有化学元素，发现了钍和钍的化合物也具有放射性。她进一步检验了各种复杂的矿物的放射性，意外地发现沥青铀矿的放射性比纯粹的氧化铀强四倍多。她断定，铀矿石除了铀之外，显然还含有一种放射性更强的元素。居里以他作为物理学家的经验，立即意识到这一研究成果的重要性，于是放下自己正在从事的晶体研究，和居里夫人一起投入到寻找新元素的工作中。不久之后，他们就确定，在铀矿石里不是含有一种，而是含有两种未被发现的元素。1898 年 7 月，他们先把其中一种元素命名为钋，把另一种元素命名为镭。为了得到纯净的钋和镭，他们进行了艰苦的劳动。在一个破棚子里，日以继夜地工作了四年。他们用铁棍搅拌锅里沸腾的沥青铀矿渣，眼睛和喉咙忍受着锅里冒出的烟气的刺激，经过一次又一次的提炼，才从几吨沥青铀矿渣中得到十分之一克的镭。凭借新元素的发现，居里夫妇获得了诺贝尔化学奖。

有知识，有爱心，人们在生活中就会心怀慈悲，与生活温柔相处。

知识就是力量，除了知识和学问之外，世上没有任何力量能在人的精神和心灵中，在人的思想、想象、见解和信仰中建立起统治和权威。人类文明是一点一点积累起来的，被以各种形式记录和保存下来。人生有价值的东西有很多，知识和爱也在人生价值的维度里，价值的维度越宽，便越能经受住命运打击，创造出美好生活。有知识的人生命不贫瘠，他就不会把人生价值维系在某一个人、某一件事上，而有爱心的人心底柔软、无私，人世间所有为情所苦的人都该努力拓宽自己的视野。对于科学家来说，知识就是幸福的源头，如在数学家陈景润眼里，一麻袋土豆的价值肯定比不上一张写满方程式的草稿纸，而对于街边菜贩来说，一麻袋土豆比一张写满数字的纸重要得多。但对大多数女人而言，爱在其生命中才更重要。尤其是现代女性，知识是充盈自身、立足社会的手段，而爱则是体现女人生命特质的基本。现代人生活忙碌，但要学会留出空间给自己，要不断用新的知识和能力强大自己，要在学习和训练爱的生活中充实自己。左手抓知识，右手抓爱，两只手不能偏废，只有这样，才能获得人生幸福路上的通行证。

启迪人生

幸福不是一种结果，它是一种过程。爱的本意就是创造和获得幸福感，而创造幸福感需要知识。

4 幸福就在身边，别追求得太遥远

《后汉书·臧宫传》：“舍近谋远者，劳而无功；舍远谋近者，逸而有终。”

有一位老人，有三个儿子，但是三个儿子都很懒惰，不愿意劳动，每天做着发财的美梦。老人在临终前把三个儿子叫到床前，说：孩子们，我快死了，你们不要难过。我给你们每个人都留了三箱财宝，我把它深埋在了后院的土地里，我死后你们可以把财宝挖出来，拿出去变卖，就够你们生活的了。

儿子们自然高兴，在埋葬了父亲之后，三个儿子分别拿着镐头、锄头、铁铲等农具到自家后院去掘地。一天，五天，十天，一月……时间过去了数月，他们依然什么也没挖出来。最后三个儿子不得不放弃寻找。就在这时，看着后院那一大片满长着野草的荒芜土地被深翻得露出肥沃的黑色土层，最小的儿子对两个哥哥说：这块地这么好，我们不如种上粮食吧？两个哥哥也同意了。于是，三个人分工劳作，把种子撒在了肥沃的土地上。

秋季到了，后园里长出了一大片金光灿灿的粮食。三个儿子望着沉甸甸的果实，突然明白了父亲所说的话，原来这土地就是父亲留给他们三人的财宝。

女人追求幸福不但要脚踏实地地工作，也要学会处理感情中的坎坷。中国人形容夫妻常用“恩爱”一词，这个词语的字面意思就是恩在前，爱在后，婚姻中首要的是要有责任、担当。

一本书中有这样一个案例：结婚三十年的夫妻，丈夫已经对妻子没有什么爱意，妻子决心要离开丈夫。于是她搬回了娘家。那个冬天，她的母亲突然重病，在最后求告无门的时候，她给冷战中的丈夫打了一个电话，没有想到，他二话不说就赶来了。不但护送岳母上医院并陪伴直到岳母去世，还一手包办了后事，直到把自己累得虚脱在地。

这个时候，她和他都把离婚的议题放在了一边，她把他为她所做的一切看在眼里，感动于这个男子的有情有义，在她最困难的时候挺身而出。最终，她选择和丈夫一起生活。她肯回头，并不是因为这份婚姻中的爱多么迷人和动人，而是因为这个男人的恩更深厚。

正因为对这种夫妻关系模式的认可和接受，中国才会有王宝钏苦守寒窑十八年这样的爱情故事，才会有《铡美案》这样的戏剧代代流传下来。

在婚姻爱情关系中，男人常常忽略身边女人的付出，而女人也会不屑于男人的奉献，当婚姻中的激情归于平淡，很多人就会向婚姻外去寻求另外的情感和慰藉。这在婚恋心理学上被称作“倦怠期”，也被俗称

“婚姻之痒”。

一个20出头的年轻小伙子急匆匆地走在路上，对路边的景色与过往行人全然不顾。一个人拦住了他，问：“小伙子，你为何行色匆匆啊？”

小伙子头也不回，飞快地向前跑着，只泛泛地甩了一句：“别拦我，我在寻求幸福。”

转眼20年过去了，小伙子已变成了中年人，他依然在路上疾驰。

又一个人拦住了他：“喂，伙计，你在忙什么呀？”

“别拦我，我在寻求幸福。”

又是20年过去了，这个中年人已成了一个面色憔悴、老眼昏花的老头，还在路上挣扎着向前挪。

一个人拦住他：“老头子，还在寻找你的幸福吗？”

“是啊。”

当老头回答完别人的问话，猛地惊醒，一行眼泪掉了下来。原来刚问他问题的那个人，就是幸福之神，他寻找了一辈子，可幸福之神实际上就在他旁边。

孟子云：“道在迩而求诸远，事在易而求诸难”。这类错误的出现不是因为人们不聪明，相反却是他们太聪明的缘故，于是聪明反被聪明误。

启迪人生

猫吃鱼是幸福，狗吃肉是幸福。一粥一饭、茶米油盐就是平凡人家的幸福。它就藏在生活的每一天里，距离我们如此的近，你感觉到它了吗？

5 幸福就是能够对抗世间所有的坚硬

李商隐是唐代一位杰出的诗人，他的诗尤以爱情诗为最佳。这位晚唐情诗大诗人有着一段令人惋叹的爱情故事。二十三岁时，李商隐在河南玉阳山东峰学道，并在此邂逅了他的初恋女友宋华阳。华阳是侍奉公主的宫女，彼时随公主入山修道，住在玉阳西峰的灵都观里。两位年轻的男女相遇之后，爱情就像被点燃的火苗一样熊熊燃烧起来。华阳的身份是不能婚恋的，可是清规戒律挡不住年轻的爱情。

由于种种原因，宋华阳不能下山和李商隐在一起。后来，宋华阳怀孕了，此事被皇帝发现，李商隐被逐下山，宋华阳被遣返回宫。

李商隐为宋华阳写了一首著名的情诗《锦瑟》：锦瑟无端五十弦，一弦一柱思华年。庄生晓梦迷蝴蝶，望帝春心托杜鹃。沧海月明珠有泪，蓝田日暖玉生烟。此情可待成追忆，只是当时已惘然。

一份本该幸福、美满的感情在封建社会最终演变成一场生死别离，面对着无法逾越的社会制度的藩篱和枷锁，李商隐也曾发出“嫦娥应悔偷灵药，碧海青天夜夜心”的感叹，这句感叹或许也是留给华阳的吧。

在李商隐和宋华阳的爱情悲剧中，诗人李商隐用满腹的才学和灵韵书写了永恒，他硬是将这份爱情的柔软化为绮丽的文字穿越了历史的千年烽烟，告诉今天的人们——幸福来临时的那份感动和心情，离别时的痛苦和遗憾，以及他用沉浸在爱情中的笔墨对抗世间坚硬的情怀。

大多数女人对于另一半的要求都会过高，她们在没进入婚姻生活之前都怀着美好的想象。但其实婚姻不是靠想象的，俗话说婚姻就像鞋子，合不合脚只有自己知道。英国前王妃戴安娜美丽、高贵，有着万人瞩目的身份、地位，可是她并不幸福。从婚姻的角度讲，不论是普通百姓，还是贵为王妃，婚姻中的真实感受无人能替代。

有一则很有趣的寓言，标题是《老头子总是对的》：

从前，有一对老夫妻，他们的财产少得可怜。

老夫妻有一匹，两个人商量要把这匹马卖掉，用它交换些对他们更有用的东西。

老头子骑着马去集市。傍晚的时候，他回来了，一起回来的还有两个陌生人。

“晚安，老太婆。”老头子说。

“晚安，老头子。”老太太说，“快让我看看你带回来了什么。”

“我把那匹马换了一头母牛。”老头子说。

“感谢老天爷，我们有牛奶吃了。”老太太说，“现在我们桌上可以有奶做的食物、黄油和干奶酪了！这真是一桩最好的交易！”

“是的，不过我把那头牛换了一只羊。”

“啊，那更好！”老太太说，“你真想得周到：我们给羊吃的草还有的是。现在我们可以有羊奶、羊奶酪、羊毛袜子了！是的，还可以有羊毛睡衣！一头母牛可产生不了这么多的东西！它的毛只会白白地落掉。你真是一个想得非常周到的人！”

“不过我把羊又换了一只鹅！”

“亲爱的老头子，那么我们今年过节的时候可以有鹅肉吃了。你老是想种种办法来使我快乐。这真是一个美丽的想法！”

“不过我把这只鹅换了一只鸡。”丈夫说。

“一只鸡？这桩交易做得好！”老太太说，“鸡会生蛋，蛋可以孵小鸡，那么我们将要有一大群小鸡，将可以养一大院子的鸡了！啊，这正是我所希望的一件事情。”

“是的，不过我已经把那只鸡换了一袋子烂苹果。”

“现在我非得给你一个吻不可，”老太太说，“谢谢你，我的好丈夫！现在我要告诉你一件事情。你知道，今天你离开以后，我就想今晚要做一点好东西给你吃。我想最好是鸡蛋饼加点香菜。我有鸡蛋，不过我没有香菜。所以我到学校老师那儿去——我知道他们种有香菜。不过老师的太太有些吝啬，她说：‘我们的菜园里什么也不长，连一个烂苹果都不结。我甚至连一个苹果都没法借给你呢。’现在，我可以借给她 10 个，甚至一整袋子烂苹果呢。老头子，这真叫人好笑！”

说完这话，老太太给了老头子一个响亮的吻。

“我喜欢看这幅情景！”一旁的陌生人齐声说，“老是走下坡路，却老是快乐，这件事本身就值钱。”说着，他们掏出 112 镑金子给了老头子。

原来，这两个陌生人在老头子回来的路上听说了这些事情，都认为他回家一定要挨老太太的打，而老头子却坚信自己会得到一个吻，于是，他们打了赌。毫无疑问，老头子赢了。

陌生人最后说：“如果一个太太相信自己的丈夫是世上最聪明的人，承认他所做的事总是对的，那她一定会得到好处！”

看了上面的故事，女人们会想些什么呢？破落、贫困到老夫妻那样的程度，可他们的日子依然快快乐乐地进行着，他们就那样过了一辈子，他们的一辈子是幸福的一辈子。

启迪人生

“结发为夫妻，恩爱两不疑。”这是苏武出使匈奴前留给妻子的一首词中的名句，名为《留别妻》。“雪地又冰天，穷愁十九年。”苏武十八年后归来，妻子以为他早死了，已改嫁了，而这首词则流传下来。所谓幸福，就是能够对抗世间所有的坚硬，包括饥寒、困苦、生离、死别吧。

6 人生要经得起诱惑，耐得住寂寞

男主外，女主内的家庭分工是中国家庭的特色，即便是在经济发达的大城市里，女人的生活重心也多围绕着家庭展开。但是，在社会飞速发展的现状下，婚姻家庭也出现了很多不稳定因素。

在深圳，30 岁到 40 岁之间的离婚或未婚的女性特别多。这些女性从个人来看，是有能力组织家庭和建设家庭的。但是她们依然在过单身生活。从全国大城市的普遍调查来看，对婚姻的渴望女性强于男性，这也造成了女性对于爱情指标和家庭指标都期望不高的原因。家庭的不稳定会给个人奋斗带来极大的损害，处于游离状态的情感，也很容易造成婚外情现象的出现。有调查显示，虽然美国的离婚率比中国高，但是中国的第三者比美国要多。大多家庭维持婚姻的主要纽带是责任、利益，而不是爱情，这也是现实状况。

有一些女孩子把爱情附着在金钱、首饰、衣服等这些物质上，还有很多女孩禁不住物质诱惑或情感诱惑，跳入第三者的感情旋涡里。

2014年8月，郭美美被抓，她为时三年的微博炫富终于淡出人们的视线。三年前的2011年6月，新浪微博上一个名叫“郭美美Baby”的网友颇受关注，这个自称“住大别墅，开玛莎拉蒂”的20岁女孩，其认证身份居然是“中国红十字会商业总经理”，其真实身份也众说纷纭，有网友称她是中国红十字会副会长郭长江的女儿，由此引发很多网友对红十字会的非议。“今天小白限行把小MINI开出遛遛，开着有点不习惯”这是6月21日凌晨，“郭美美Baby”发布的一条微博。早在此之前，据媒体报道，其微博中就已发布了一系列的“炫富”内容。脸庞稚嫩、打扮时髦，再加上名包、名车、别墅，“郭美美Baby”迅速成了网民关注的焦点。更有一些女孩子大声宣称：“宁可坐在宝马车里哭，绝不坐在自行车上笑。”

无论是郭美美炫富，还是媒体对炫富事件的紧盯不放，其实都说明我们这个社会整体上的浮躁不安。当然，这也和当代社会“笑贫不笑娼”的大环境有关系，整个社会都在过度追求物欲，追求财富积累，却在精神修养、精神塑造方面严重欠缺。

程明道回答张横渠提问的《定性书》提到：“所谓定者，动亦定，静亦定，无将迎，无内外。苟以外物为外，牵己而从之，是以己性为有内外也。且以己性为随物于外，则当其在外时，何者为在内？是有意于绝外诱，而不知性之无内外也。既以内外为二本，则又乌可遽语定哉！夫天地之常，以其心普万物而无心；圣人之常，以其情顺万物而无情。故君子之学，莫若廓然而大公，物来而顺应。……无事则定，定则明，明则尚何应物之为累哉！圣人之喜，以物之当喜；圣人之怒，以物之当怒。……”

其实作为女性，即便做不到“不以物喜，不以己悲”，至少不能沦为物质的奴隶。那些以自己的青春换取短暂享乐的行为都是不可取的。

《庄子》说：“至人之用心若镜，不将不迎，应而不藏，故能胜物而不伤。”这是说，一个修身完满的人心如明镜，不为外物所移，对外物无求无欲，物来而对应，但不存之于心。因此，这样的人能战胜外物，而不为外物所累。

除了要抵制诱惑，要想取得人生更大的成就还需耐得住寂寞。

智慧、德行、姿色，是女人走向人生成功的几个因素。但所有的成功案例中，可以提炼出的最不能忽略的一点是耐得住寂寞。国学大师王国维曾说过，古今成大事业、大学问的人，都必须经历三种境界：一是“昨夜西风凋碧树，独上高楼，望断天涯路”的寂寞、孤独；二是“衣带渐宽终不悔，为伊消得人憔悴”的执着和坚持；三才是“众里寻他千百度，蓦然回首，那人却在灯火阑珊处”的辉煌和成功。

可见，寂寞是成功必不可少的基本底色。男人如是，女人亦如是。对于耐得住寂寞，不同的人有不同的要求。饥渴时，耐得住寂寞是不失去自尊，不食嗟来之食；做学问、搞科研时，耐得住寂寞是守住清贫，对专业知识持之以恒；贫困时，耐得住寂寞是忍住贪欲，拒绝不劳而获的飞来横财；寞落时，耐得住寂寞是忍得住窗外灯红酒绿，声色犬马；磨难时，耐得住寂寞是摆脱低迷和消沉，走向坚强。

启迪人生

古来圣贤皆寂寞，成功就是寂寞开出的花朵，是一个不断熟悉寂寞，品味寂寞，并超越寂寞、耐得住寂寞的过程。

7 幸福就要恰到好处

宋玉在《登徒子好色赋》中有一段文字是形容美人的："增之一分则太长，减之一分则太短；著粉则太白，施朱则太赤；眉如翠羽，肌如白雪；腰如束素，齿如含贝。"这段话极好地阐明了"恰到好处"这个词语。

幸福也是有尺度的，也是可以用心去度量的。我们要时常提醒自己，幸福就在这里，我们要学会恰到好处地享用它。我们要记得，幸福不需要包装，不需要华丽的外表装饰，它是朴素的，温暖的，是带着平和、安然的感觉慢慢包裹着我们的，就像妈妈的怀抱。幸福就是暗夜里等你回家的那一盏灯，是饥饿时的那一桌饭菜，是贫困中相濡以沫的一块糕饼，是患难中心心相印的一个眼神。幸福会和机遇、友情、成功、团圆等相伴而来。但它们并不等于幸福。在幸福的天平上，一头是点点滴滴的珍贵时光，另一头则是欢笑的定格的脸。

凡事过犹不及，这个道理女人们一定要懂得。

杨贵妃和唐明皇的故事家喻户晓，大诗人白居易曾经在《长恨歌》中这样写道："杨家有女初长成，养在深闺人未识。天生丽质难自弃，一朝选在君王侧。回眸一笑百媚生，六宫粉黛无颜色。春寒赐浴华清池，温泉水滑洗凝脂。侍儿扶起娇无力，始是新承恩泽时。云鬓花颜金步摇，芙蓉帐暖度春宵。春宵苦短日高起，从此君王不早朝。……"如此的盛宠，比起那些常年独守空房的寂寞宫人，杨玉环在宫中一定是幸福到极点的。可是，就是这样的盛宠带来了极大的隐患，不仅为杨玉环留下了骂名，也几乎毁掉了唐朝积累三代的盛世雄风。

由于杨贵妃得到重宠，她的兄弟均获高官，甚至是远房兄弟杨钊，原为市井无赖，因善计筹，玄宗与杨氏诸姐妹赌博，令杨钊计算赌账，赐名国忠，身兼支部郎中等十余职，操纵朝政。玄宗游幸华清池，以杨氏五家为扈从，每家一队，穿一色衣，五家合队，五彩缤纷。沿途掉落首饰遍地，闪闪生光，其奢侈无以复加。杨家一族，娶了两位公主、两位郡主，玄宗还亲为杨氏御撰和御书家庙碑。

杨玉环家“一人得道，鸡犬升天”，就是这样的极致到不能再隆盛的宠爱让杨贵妃早早地送了命。

安史之乱，唐玄宗逃离长安，途至马嵬坡，六军不肯前行，概因杨国忠（贵妃之堂兄）通于胡人，而致有安禄山之反。玄宗为息军心，乃杀杨国忠。六军又不肯前行，谓杨国忠为贵妃堂兄，堂兄有罪，堂妹亦难免，贵妃亦被缢死于路祠。

爱情是最需要掌握分寸火候的，所谓“情深不寿”。其他的事情也是如此，家庭、事业、爱好等，凡是过于痴迷，不一定就能产生好的结果。毕淑敏曾在书中写道：“受伤于家庭的人，我估计一定多过死于原子弹爆炸的人群，只是人们通常缄默。那原因或是不愿意说，或是不敢说，或是不知道怎样说。

伤于战场是勇敢，死于情场是痴迷，而家庭的伤亡，难以察觉，无法启齿。那痛楚而怪异的感觉，好似被一条柔软的丝索紧扼喉头，虽然越来越感到窒息，但哽噎吐出，只怕他人不懂，得到的便是羞辱。于是无数的人，默默咀嚼着，要么选择继续持久地被伤害，要么名存实亡地敷衍着家庭，甚至犯下罪行。”

《左传》中说：“故君子在位可畏，施舍可爱，进退可度，周旋可则，容止可观，作事可法，德行可象，声气可乐，动作有文，言语有章，以临其下，谓之有威仪也。”这段话可以看作人在社会交往中需要掌握的准则。学会与人相处，学会保持适当的距离，本就是婚恋关系和社会生活中需要掌握的本领。

启迪人生

世界上的矛盾和冰冷是存在的，情感中的伤害和攻击也是存在的。百年修得同船渡，千年修得共枕眠。女人要掌握生活的智慧，让幸福慢慢浸润进来。

第六章

国学管家，夫妻和顺，孩子乖巧

国学中的精髓，既有“仁、义、礼、智、信”这些塑造完善人格的要求，又有“厚德载物”“和为贵”“格物致知、诚意正心、修身齐家治天下”等人生指南的义理，传递着无限的正能量。家是最小国，国是千万家。家，是每个人的归宿，每个人在自己的家庭中都充当着不同的角色。家庭是社会的重要组成部分，在家庭中，女性占着重要的地位。古人把美德作为立家之本，“父子恩，夫妇从。兄则友，弟则恭。”只有建立和谐的家庭秩序，夫妻才会和顺，孩子才会乖巧，家才能成为幸福的港湾。

1 把美德作为立家之本，给社会带来益处

《礼记·大学》中说：“古之欲明明德于天下者，先治其国；欲治其国者，先齐其家；欲齐其家者，先修其身；欲修其身者，先正其心；欲正其心者，先诚其意；欲诚其意者，先致其知，致知在格物。物格而后知至，知至而后意诚，意诚而后心正，心正而后身修，身修而后家齐，家齐而后国治，国治而后天下平。”

这段话的意思是说，通过降低自己的欲望，减少自己的贪念，来让自己头脑清醒，使是非曲直分明。正念分明后就要努力在待人处世的各方面做到真诚二字，努力断恶修善，久而久之自己的修养就有了，智慧也有了，这时就可以把自己的家庭经营好了。家庭是国家的缩影，把自己的家庭经营好了的人也一定可以把国家治理好。一个能把自己国家治理好的人，那么他（她）也一定能让世界充满和谐，天下太平。

英国也有这样一首广为流传的民谣：

少了一个铁钉，丢了一只马掌；

丢了一只马掌，翻了一匹战马；

翻了一匹战马，伤了一位骑士；

伤了一位骑士，败了一场战役；

败了一场战役，失了一个国家。

如果说社区是社会的基本单元的话，那么每一个家庭就是这个单元中的细胞，是政治社会的原始模型。每个家庭内部的和睦温馨，不仅仅是治家兴业的重要内容，而且直接关系社会的和谐和稳定。没有和平的家庭，就没有和平的社会。

《朱子家训》的最后讲到了“家门和顺，虽饔飧不继亦有余欢”。饔，音读“拥”，早饭的意思。飧，音读“孙”，晚饭的意思。只要家庭和顺，不闹事端，和谐美满，就是挨饿吃不上饭也有不尽的幸福欢乐。不管家富家贫，都应有家的温暖。

然而管理一个家庭的麻烦，并不少于治理一个国家。要想实现家庭内部的和睦，使每一个家庭成为爱、欢乐和笑的殿堂，最主要的是家庭成员之间的团结友爱和互助互谅共容，尤其是在敬老爱幼、婆媳关系等敏感问题上要处理得当，以德维人，以情感人，才能使每个家中都能充满和谐、充满爱。

汉乐府诗词有一首著名的《孔雀东南飞》。文中有这样的描述：序曰：汉末建安中，庐江府小吏焦仲卿妻刘氏，为仲卿母所遣，自誓不嫁。其家逼之，乃投水而死。仲卿闻之，亦自缢于庭树。时人伤之，为诗云尔。孔雀东南飞，五里一徘徊。“十三能织素，十四学裁衣。十五弹箜篌，十六诵诗书。十七为君妇，心中常苦悲。君既为府吏，守节情不移。贱妾留空房，相见常日稀。鸡鸣入机织，夜夜不得息。三日断五匹，大人故嫌迟。非为织作迟，君家妇难为！妾不堪驱使，徒留无所施。便可白公姥，及时相遣归。”……

这首长篇叙事诗讲述了聪明能干、心灵手巧的刘兰芝和焦仲卿感情深厚，但为婆婆不容，一定要赶其回家。最后，仲卿、兰芝二人双双赴死的爱情故事。这样的故事发生在古代尚可理解，但现代社会男女平等，若女子嫁入夫家能做到兰芝这般勤劳、孝顺，是一个家庭的最大福气。

有一个朋友四十几岁，家境优裕。她并无太大的成就，每天只是相夫教子，把做家务、侍奉家人当作是一份乐趣，虽然家境优越，但是从不到声色犬马的场所去，业余休闲时间不上网，不打游戏，不玩麻将，不疯狂购物。她说自己喜欢在厨房忙碌，喜欢为家人服务。她教育孩子，伺候丈夫，侍奉自己的公婆，从不觉得辛苦，从不闹矛盾，尽管婆婆性格强势，爱挑剔，但从未对她有大不满。

这样的女人，生活在中国很多的家庭里，无大野心、无大欲望，却有自己的操守，她们专一、善良、能干、任劳任怨，为家庭撑起半边天，也在社会上有自己平凡的岗位，默默无闻，辛勤奉献。她们的孩子继承了她们身上那些柔韧、坚忍的气度，继承了她们勤劳、善良的品质。她们用女性的柔和力量为这个社会带来了美的色彩。

如果每个人都把自己的家庭经营好了，整个世界就和谐了。

启迪人生

至高至远日月，至亲至疏夫妻。夫妻相处之道，多半的要素都维系在女人身上，一个有生活智慧、懂得进退、德行高尚的女子能将最简陋、清贫的家置办出一副温馨、富贵的模样——那就是爱的模样。爱乃立家之本。

2 别因自己的莽撞，毫不知情地伤害亲人

和朋友约会，朋友迟到了，我们会亲切地说："没关系，我知道堵车。"和爱人约会，爱人迟到了，我们就会抱怨："为什么不早出发？"朋友犯了错，我们总是很容易原谅；爱人犯了错，我们总是会把他所有的错再重复一遍。对于和朋友感情的沟通，我们总是有来有往，你请我一顿饭，我必然请你看一场电影，因为我们认为这是人际交往的必然法则。对于客户，逢年过节我们不会忘了请客送礼，因为这是维系客户关系的重要纽带。但对于爱人和家人，我们却总是认为不需要花时间去经营和维持关系。

有时候，我们对那些和自己关系比较一般的人，总是充满宽容之心，习惯性地想要把自己最好的一面留给别人。对自己亲近的人严肃而挑剔，因为关系好的缘故，既使有些冲突也不会太伤害对方。但是，我们和家人吵架，却有可能会脸红脖子粗，甚至动手摔东西，毫不克制。

这究竟是为什么呢？从管理学的角度来看，是因为我们无意识地对亲人期望过高。首先，我们接受亲人无条件付出已经成为习惯。其次，认为亲人了解我们，而陌生人不了解，导致我们对亲人没有耐心，却可以对陌生人一遍一遍地讲述，以便被了解。当遇到一些不顺利的事情时，不能被其他人理解，而亲人也无法理解时，就会觉得"别人不理解我也就罢了，怎么你也不了解我呢？别人不懂得配合我支持我就罢了，怎么你也不懂得呢"。另外，在外面的压力无法释放，只好在家释放。我们下意识地认为这样做的成本很小，总是会被原谅，说话时考虑家人感受这个步骤总会被延迟或者忘记。

莽撞，意思是“言语、行动轻率鲁莽”。生活中，我们常有莽撞的时候，因为做事情不细心、不认真、没准备就会莽撞行事。在家庭中，这种莽撞常是引发家庭纠纷、亲人矛盾的导火索。同时，由于家人与我们天天相对，工作中的女性一旦回到家，就会放下工作中那种见人微笑的职业形象，用另一种方式对待家中的亲人。

以前和一对河南的小夫妻是邻居，丈夫是一家企业的电工，妻子在家带孩子。这一对夫妻几乎天天吵架，丈夫一下班就开始吵，有的时候还会动手。孩子年纪不大，就坐在地上哭。吵架最凶的时候，房东大爷大妈就会出面管管，她们晚上吵得太晚，我们也会抗议。其实，邻居们根本不知道他们俩在吵什么，不过都是些鸡毛蒜皮的事情。可这样常年累月地争吵，对于夫妻感情的伤害难以估计。

中国自古就有“夫妻吵架不过夜，床头打了床尾和”的俗语，可我不那么认为。心理学上有句话说：愤怒的情绪是人对自己无能所表现出的一种情绪发泄。我们对待家人、亲人也要讲究一定的交流智慧、沟通技巧，只有这样家庭才能永葆和谐甜蜜。

正如圣严法师所言：“对待家人，我们习惯成自然地不懂礼貌，不会温柔，不是大呼小叫，就是懒得搭理。因为太过熟悉了，而不知珍惜。”作家亦舒也曾说：“人们日常所犯最大的错误就是对陌生人太客气，而对亲密的人太苛刻，把这个习惯改过来，则天下太平。”

所以，我们要改掉自己言语莽撞的习惯，要学会在家庭中扮演好妻子的角色。知名主持人杨澜，在家庭生活中展示的柔美的女性形象给很多人留下了深刻印象。记得一个电视访谈节目中，一个女企业家对主持人说她最爱做的就是依偎在老公怀里看夕阳。原 IBM 大中华传播总监周忆说自己会记住不把刚强和坚硬的职场独立风格带回家里。有时下班回家，快到楼下了，她会提醒自己：现在她不再是总经理了，是另一个男人的太太了，她要开始转换心情，恢复到一个女人居家中的样子。

很多夫妻吵架，就是因为独立强大的职场女性不会在私人生活中展现女性的一面，不自觉地把坚硬粗冷的职场气场带回家里，这让男人有压力，结果就矛盾百出。女人，无论你是职场普通一员，还是精英人物，在家庭中你都首先是妻子，永远不要以为照顾你是男人的责任，他们也有累的时候。

启迪人生

生活就是一条漫长的修行之路，与亲人的相处也是一种修行。修行是对你的生活方式的一种优化与提升，它会让你逐渐变得更有慈悲心、智慧力和奉献精神，少了狂躁，多了温润，少了戾气，多了柔和，不再莽撞，没有伤害。

3 搞好邻里关系，团结亲朋好友

邻里关系自古有之，它是中国历史上一种十分重要的社会关系。特别是在普通百姓之间，互相借用生产生活用具，农忙时互助合作，闲时互相串门，逢年过节相互走访，遇到困难时相互支援，等等。

古时，邻里关系非常重要，谁破坏了这种关系，谁就有可能失去生存的外在环境和条件，就可能被动。在古人心目中，邻里关系的地位与价值，是仅次于血缘宗族关系的较为重要的地缘关系。

而对政治家来说，邻里关系的好坏是社会文明进步的重要标志。融洽的邻里关系不仅有利于社会的稳定，而且可以促进社会的进步发展。

俗语早就说过：远亲不如近邻，近邻不如对门。在老百姓中流传的俗语来自对生活的切身体会所得。几乎没有人不能理解这句话的含义，可是现实中，能够做到的却寥寥无几。楼越筑越高，人也越住越高，自从从大杂院子搬到高楼，人们的心好像一下子疏远的很多。对门居住多少年不认识的，打个照面也是颔首示意而已，微笑一下而已，然后就是表情严肃地各走自己的路，各自生活在自己的“藩篱”之中。

人与人的和谐相处是社会的提倡，在有些人看来，似乎没有这个必要，也许是年轻人的缘故，如果是老年人还好说，下楼聊聊天，拉个呱，说笑还是很普遍。如果是一个单位的单元楼还好说，见面打招呼是再正常不过了。如若是南来北往的住户，那就麻烦了，同一个小区，同一座楼，同一个单元，上下班急急忙忙的，没有人打个招呼，低头走，抬头去的，有时候目光对视，就会立即转移到别的方向。有的人觉得来往必须打个照面，就会抽烟，看报或故意仰脸看天空，害怕路窄相逢，为的是不说话。居住一个单元几十年，姓名几乎都不清楚。如果问在哪个单位工作，更是一问三不知了，可谓老死不相往来。由此下去，伤害的是自己。楼上在晾台上晒个衣服，掉下去了，宁愿不要也不拾的，原因是和一楼的从来没有说过话的；如果是贵重的衣物掉了，一家人你遣我我遣你的，都不愿意去一楼住家敲门的，只好作罢，就算是没有这件衣服。有的夫妻吵嘴，邻居没有一个去拉架劝说的，弄得整个单元甚至整栋楼都不得不安宁，往楼上搬东西，搬不动，没有一个人自愿出来说帮忙的。太阳能上水上满了，没有一个人出来告知一声，小偷偷对门的东西，如同拿自家的东西差不多。各人自扫门前雪，莫管他人瓦上霜，在现实中已屡见不解。

俗语还说“千金之产，万金之邻。”这句话其实说明了邻里之间的重要性，好的邻居是他人无法替代的好帮手。

近期，某个住宅小区发生了一件事情使人深思。一家住户的下水道堵了，想去跟楼下的邻居说一声，修理修理。由于从没有说过话，他不愿张这个口，没有办法，就叫另外一个认识楼下邻居的人去说，结果楼下的邻居不听这一套，连连摇头不答应，就是不愿意。楼下邻居的意思是楼上的亲自说才行，没有办法，楼上的硬着头皮红着脸去叩开楼下的门，才算是解决了问题。通过这件事情，楼下和楼上两家成了本该早已真诚相处的好邻居。

启迪人生

与善人居，如入芝兰之室，久而不闻其香，即与之化矣。与不善人居，如入鲍鱼之肆，久而不闻其臭，亦与之化矣。这句话用来比喻交友，但放在邻里、社区关系里也同样适用。做亲和、温润、大度的女人就从团结友邻开始。

4 轻松愉悦，调剂好家庭生活氛围

人生得意须尽欢，莫使金樽空对月。李白在《将进酒》中表达了及时行乐的人生态度，虽然消极，但也有一定的可取之处。人生的美好年华有限，若不及时享受，只能遗憾终生？

现代人生活节奏加快，压力大，尤其是各种服务行业，工作繁忙，身体疲累，因此每个人都希望回到家能放松身心，轻松愉悦地度过工作之外的时间。所谓轻松，就是不紧张，不恐慌，不难过，不急迫，一切安安稳稳，有条有序。

中国人安慰人的最常用语是：“不要紧！”这是大智慧。只要不紧，就能松，再僵的事，一松，就有可能解决了。不要紧，能除一切苦，真实不虚。不要紧，逐渐就能身心放松、知行合一，就会有更多的办法，更从容的态度，更如意的结局。保持家庭生活氛围的轻松愉悦，是身心健康的有力保障。

人生气时，常说“咽不下这口气”，是因为生气时肝气往上走，而吃东西是往下咽。一个上顶，一个下压，一口气本无形，但加上食物，就成为有形之物，进而形成很难化解的郁气。所以，在饭桌上不要口角，会损肝伤脾，对人对己都不利。

为什么人们喜欢八卦？为什么无厘头似的搞笑电影风靡了很多年？因为，这些八卦消息、这些无厘头似的影片可以让观看和收听的人产生一种精神上的慰藉感和优越感，获得轻松愉悦的观影体验。

每个家庭都有其调节家庭氛围的方式，一次野外郊游、一场家庭舞会、一次集体娱乐活动或者共同劳动体验（坐在一起包顿饺子等）都是调剂家庭氛围的很好方法。《非诚勿扰》的主持人孟非出版的新书《随遇而安》里，介绍自己儿童时期在重庆家庭的亲戚里面有个姨婆：“那是特别可爱而且有意思的一家人——他们家也是‘母系氏族’。姨婆在印刷厂工作，是个整天乐呵呵的胖老太太。在我童年的记忆中，她嘴里永远有说不完的俏皮话，她的语言似乎与生俱来带有劳动人民草根式的幽默。她的那些话如果写出来一点也不好笑，但通过她的嘴，用她特有的方言和腔调说出来，就特别好笑，特别有感染力。我外公外婆的话不多，更缺乏幽默感，相比之下我姨婆是个话痨。逢年过节去他们家，从一进门开始，她就说个不停，一屋子的人都被她感染了，笑个不停。”“她们是我这辈子见过的关系最好的婆媳。舅舅、舅妈生了一儿一女，分别是我表哥、表妹。表哥话不多，表妹又是挺能说的人——说他们家是母系氏族真一点不夸张——他们家的话都让女人说了。”

孟非所提到的这位姨婆，并不是其外婆的亲妹妹，而是抗战期间逃难路上认识并结为姐妹的，她们一辈子比姐妹还亲。如果生活在这样的家庭中，该是很轻松、很愉快的生活了。

赵本山曾经演过一个小品《小九老乐》，小品讲的是一个为不惹妻子怀疑、瞒着妻子借给前女友500块钱的故事。这样敏感的生活素材，赵本山用滑稽的语言、动作把一个传统的怕老婆男人的形象塑造得活灵活现，同时，因为这种诙谐、幽默的处理方式，也把一场可能爆发的家庭危机化解于无形。

轻松愉悦的家庭氛围比沉闷、冷漠的家庭更有益身心，更少矛盾和误解。

广告公司的经理方鸣的老婆娟娟很喜欢追问方鸣的过去，在她看来，那些过去阴魂不散。每一次，方鸣避而不答都会引起娟娟更大的怒气。女人容易情绪化，在旧恋人这件事上，她们其实并不担心过去会卷土重来，她们只是需要男人用合适的回答方式来证明自己的爱。而大多数男人并不能像赵本山扮演的老九那样，用幽默而得体的语言来化解女人的情绪。

“笑一笑，少一少；愁一愁，白了头。”在情绪心理学中，愉快驱动力分为内驱动和外驱动两种。内驱力愉快是个人自身感官因生理需要得到满足产生的快感；而外驱力愉快是由于外在因素使身体感官得到更高层次的愉快，比如完成建设性、有意义活动产生的愉快，良好的人际关系中产生的愉快。家庭所需要的愉悦氛围也可以从这两个方面来努打造。

启迪人生

人生漫长、苦乐参半，从幼时到成年，家庭是每个人必不可少的成长环境，努力保持轻松、温馨、愉快的家庭氛围是每个女人应该学会的生活技能。

5 干净整洁，创造优良生活环境

《弟子规》中说："房室清，墙壁净，几案洁，笔砚正。"意思是说：书房要整齐清静，墙壁要保持干净，读书时，书桌上笔墨纸砚等文具要放置整齐，不得凌乱，触目所及皆是井井有条，才能静下心来读书。

净空法师也曾经说过真正的修行不在山上，不在庙里。不能脱离社会，不能脱离现实。要在修行中生活，在生活中修行。有的人整天打坐，磕头、拨念珠，修了好多年，可是习气、烦恼依旧，性格、心态依旧，没有任何改变，这不是真正的修行。

有时候我们会觉得空虚、疲劳和无聊，感觉不到自我的存在……当这种情况发生的时候，我们最好做一些简单的事，比如专心致志地行禅或坐禅，洗衣服，拖地板，沏茶，清洗浴室，等等。如果我们这样去做，我们的精神将会富足而愉悦。

很多夫妻没有养成家居环境干净、整洁的生活习惯，若这种不讲究生活小节的事情只发生在一个人身上，就很容易导致矛盾，家中不得安宁。

香玲的老公就是个特别不讲究生活细节的人，而香玲生长在书香家庭，从小习惯了一切井然有序的生活。东西固定摆放、进门需换鞋套、出门擦皮鞋、脏衣服放进收纳柜、每天换内裤，这些都是香玲的生活习惯。可她的老公却完全做不到，袜子、碗筷、牙刷、牙缸甚至内衣裤都会乱放，香玲觉得自己像一个跟在调皮孩子身后的保姆，每天都要收拾烂摊子，这让香玲无法忍受。最后，香玲和老公离婚了。

良好的生活习惯、卫生习惯有助于保持愉快的身心，舒适、整洁的居室环境也能改善空气质量。家庭居住条件不在简陋或宽敞，不在边远或闹市，而在于居住在房子里的女主人是否有一颗热爱生活的心。刘禹锡在著名的《陋室铭》一诗中写道：“山不在高，有仙则名。水不在深，有龙则灵。斯是陋室，惟吾德馨。苔痕上阶绿，草色入帘青。谈笑有鸿儒，往来无白丁。可以调素琴，阅金经。无丝竹之乱耳，无案牍之劳形。南阳诸葛庐，西蜀子云亭。孔子云：何陋之有？”

现在很多夫妻都是上班族，家务事到底由谁做曾引发不同的讨论。网上曾经有一些专门给90后小夫妻们做的道具，一个巨大的骰子，每一面上都刻着：涮碗、拖地、洗衣服、遛狗、擦桌子等这些简单的家务。据说，这是90后小夫妻婚后分配家务活的法宝，家务活不用你推我搡，直接扔骰子决定。

现代社会的标志是家务劳动社会化，这使得女人从专职家务当中解放出来，可以同男人一样工作赚钱。但家务活永远是家里的主题曲，在大部分双职工家庭里，女人仍然是家务劳动的主角。

启迪人生

保持一颗平常心，做一个平凡人，女人从热恋走入婚姻生活需要迅速适应妻子的角色，并始终对那些碎屑、无尽的家务事保持耐心，这样才能让家庭和谐、整洁。

6 不做牢骚欧巴桑，年轻活力有魅力

男人最讨厌女人唠叨，他们想不明白，女人怎么总是无休止地唠叨，翻来覆去地说同一件事情，而且一年365天天天如此。女人从来不觉得自己唠叨，她们觉得只是说了自己该说的话、想说的话，之所以来回来去地说，是因为男人们从来没有听进去她们到底说了什么。

于是，男人和女人的战争就从唠叨开始了，唠叨就像达芬奇密码一样不可破解，叫男人头痛。其实，无论男女，都有倾诉的需求，但倾诉对于女人来说更为重要。很多时候，女人唠叨并非想"说"什么，而是女性为自己进行的心理按摩，释放压力，缓解苦闷。

女人在唠叨一件事情的时候，常常能联系上所有相关甚至不相关的事情，事实上，她们在"唠叨"中整理自己获取的信息，删除无用的，保留有用的。而这些信息中，抱怨无奈只是台词，其后隐藏的是自我肯定和自我表现。在女人的潜意识里，希望家人对她为这个家的付出给予表扬，而亲人的无动于衷会加剧她的唠叨，换句话说，她的唠叨就是在向家人声明："快表扬我，快奖励我！"而男人的倾听和鼓励便成了女人继续劳作、继续生活的动力所在。

正常的唠叨无伤大雅，有益女性健康，但是唠叨也会成瘾，一些女性已在不知不觉中感染了都市唠叨症。对照一下下面的指标，来个5分钟自我诊断。

1. 如果你在一周时间内，有三次以上与他人进行纯私人谈话，并且话题围绕你遇到的不开心的事或感情上的困惑，那么，你已被唠叨症盯上了。

2. 遇到事情时，你是先找人倾诉，还是在自己无法解决时才找人倾诉？这是正常人群与唠叨症人群的分水岭。

3. 必须不断倾诉，甚至大部分时候都在不停地重复刚说完的话而毫不自知，直到自己精疲力竭。那么，你的唠叨已经失去了控制，你感染了“都市唠叨症”。

缓解唠叨的良方：

1. 有意识地控制自己的语速和说话的总量，尽量不要重复说一件事，坚持一件事最多只说一次的原则。

2. 如果实在有唠叨冲动，把要唠叨的内容写出来而不要说出来。

3. 当你想唠叨时，想尽办法让自己忙起来，强迫自己做一些平时不常做的开心事，比如去美容院、逛街，或者陪孩子玩，这些事都会让你心情转好，忘记唠叨。

让自己静下来，也是减少唠叨的好方法。如果说动生力，那么，静则生慧。一静百慧生。静下来，再浑浊的水也会澄清；静下来，再纷乱的心也会纯净。

锻炼静的能力，也就是积累快乐与幸福。当我们不再凭感觉去强求、去评论、去企望时，当一切的思考都有一个静的底色时，我们将不会轻易被动，也不会时常盲目，此时的努力才有了真正的意义。

启迪人生

静生慧，慧生乐。放下暂时的偏激，让情绪随意蔓延而不为所动，则不久的将来必然会有喜悦充溢，领悟日深。

7 建立家庭秩序，释放爱的力量

你是否经常找不到东西？换季时找不到衣服？家里的旧东西舍不得扔掉？因为忙乱错过了重要的约会？忘了交电话费和电费？……如果你真的经常这样，那说明你的家庭、你的生活很混乱。没有秩序的混乱生活会导致不必要的压力，影响人的心情、效率和健康！我们应该学会让一切有秩序，让所有的东西在固定的位置，让自己过得舒服一些。不管你是家庭主妇还是职业妇女，都应该学会安排生活，安排好生活能为我们赢得宝贵的时间和精力，有时间去做我们真正想做和必须做的事。

每个女人都崇尚简单的生活和简化的计划程序，这和女性并不善于理性思维、善于感性思维有关。

建立家庭秩序，可以从下面几个方面入手：

第一步：拿出足够的耐心、持久力和智商来完成任何一项工作。重新安排和整理自己的生活，重新思考究竟什么是生活中重要、最喜欢和最向往的，而这些将是你做出决定的依据。面对那些杂乱无张的东西，你该如何开始呢？首先，拿出纸笔做计划范本，一旦有了计划就集中精力去完成它。也许开始计划会改变我们的生活习惯，但只要有足够的忍耐力，相信自己不久就会成为一个有条不紊的人。并且不断肯定自己，这是一种积极的人生态度。你安排自己的生活，是为了使其变得井井有条，享受生活的乐趣。你可以把一天、一周的计划全部列在计划本上，写上计划开始的时间，如果自己不能完成，就找朋友监督你的计划。对于整理家庭物品，你可以用标签，比如“拿去修理”“卖掉”“扔掉”等等。其次，利用二八原则简化你的生活。大部分人常用的物品只占到他们拥有物品的百分之二十，其他百分之八十有的躺在某个角落，有的还需要你花时间去打理，为了让家远离杂乱，你可以只留自己喜欢和对自己有用的东西。对于那些整整一年都没动过的东西，未来的一年就有理由处理了。另外，要给家庭成员们立规矩，训练孩子整理自己的东西。

第二步：合理布置和整理房间。工作量比较大的整理工作，可以分成几个小项来处理。房间可以每次只收拾一间，其他房间保持原样。要记得物归原处。

第三步：建立家庭财务管理。通过管理家庭财务状况减少负债和不必要的支出，学会让存款和投资得以升值。学会家庭财务管理的方法对你的生活会有积极的作用，会让你学会理性消费。在做财务管理之前首先要做财产评估，然后做一个财务计划，包括预算和支出、储蓄和投资，财务计划要每年检查。还要学会简化自己的生活，灭除不必要的欲望，简单消费可以让你重新把自己的一切掌握在自己手里。如果你是一个购物狂，那就要尽量减少日常开支，节省吃饭的钱和开支等。

第四步：学会合理安排时间。当你像大多数人一样循着生命的轨迹前进时，很容易就陷入一种忙碌的生活状态，也很容易忘掉自己是时间的主人。要学会为自己制订计划，定一个五年计划，定下目标并完成，为每天要做的每件事做记录，事情分轻重缓急去做，每天按计划行事，然后重视你的计划、安排好时间，与拖拉的习惯做斗争。还要适当安排休假，给工作和生活一个缓冲。

第五步：家庭生活的安排也是必须的。家庭生活对大多数人来说都是重要的，怎样才能有更多时间和家人一起度过，答案是让自己做到事有计划，简化日常琐事，简便易行安排工作和生活。家庭日程安排可以包括开会、游戏、锻炼等，要设法让日程变得有趣。要让孩子学会安排自己的时间，假期安排出行要做好财产管理。再有，要合理安排家务，家务可以化整为零，可以让家人帮忙。最后，家庭安全防护也很重要。楼层里的烟雾探测器和灭火器是必要的设施，要准备一些紧急情况下的应急用品，家里的重要文件寄存在保险箱，各类证件分别留下复印件，把常用的电话号码列成一个清单。美国红十字会建议每个家庭在汽车后备箱储备急救装备和药品。

第六步：沉着应对变化。在生活发生变化时，原来的平衡的生活状态被打破，所以在变化之前，人们应做好充足的思想准备。根据情况的变化，对原来的生活模式和生活习惯做出相应的调整，这种变化包括搬家、孩子上学、身故等。

以上，是建立家庭秩序的七个步骤。当然，家庭生活事无巨细都需要主妇去处理，在上述每一个环节，也都包含着大量的细节。

每个家庭情况都不同，而每一个家庭主妇也都有自己对家庭的管理模式，其方法和方式也是因人而异的。

启迪人生

一寸光阴一寸金，寸金难买寸光阴。女人要学会合理、有效地利用和安排时间，建立起科学、有序的家庭生活，让每一个家庭成员都享受到健康、有序的生活之乐。

第七章

品悟国学，做一位贤明智慧的好妈妈

古人非常注重家风、家教，注重对子女的德性培养，国学以传统文化中的仁义礼智信、向道、向善等理念正面引导，“重德修身”成为传统家训的核心内容。古人的智慧，为后世留下了很多宝贵的经验。作为母亲，总想把最好的东西留给子女，其实不管给其多少财物都是身外之物，只有教其重德向善，才是为子女做的长远打算，因为德是做人最根本、最本质、最美好的东西，是一切福分的源泉，是留给子女的最可靠的财富。

1 言传不如身教，修养自己，做个好榜样

每当我们带着孩子走亲访友的时候，人群中总会有人说这个孩子像你诸如此类的话语，其实这里的像并不单单指相貌，更多的是指孩子的为人处世，言谈举止。他们一出生就像纯洁的天使，有着清澈的双眸，渴望母亲教会他们为人的智慧，并且深受其影响。

教育孩子的同时，母亲更应该加强自身修养，做到身教言传。年幼的孩童有着极强的模仿能力，母亲在前方走路的时候，孩子会踩着母亲的脚印缓缓而行。看是游戏，实则父母的一言一行都在影响着孩子的思维和行动。

安迪有一个孩子，每天早上7点安迪起床为孩子准备早餐，8点送孩子去学校，9点回家收拾屋子、买菜，准备午饭，下午她也不出门，到孩子放学的时候就去接孩子，再买菜做饭，孩子成了她生活的全部。

有一天，安迪去接孩子时发现孩子衣服上有油渍，孩子不以为意，安迪没作声，第二天……第三天……总是如此。她忍不住地对孩子说："你的衣服脏了。"孩子撇撇嘴说反正都是衣服，能穿就行了。自那以后，安迪的孩子慢慢地不爱听她的话，也不爱讲卫生了。安迪一筹莫展，便去求助同样身为母亲的闺密娜拉。

生下孩子后，安迪辞了职全心全意待在家里做全职太太照顾丈夫孩子，娜拉却没有这样，而是在该工作工作，该逛街逛街。有一天安迪发现娜拉的孩子会举着衣服问娜拉说哪一件更好看，撒娇央求母亲带她出去玩。安迪惊讶地问闺密是如何教育孩子的，同时抱怨自己的孩子从未如此和自己亲昵过。

娜拉看了一眼素面朝天的安迪只说了六个字：“身教重于言教。”安迪幡然醒悟，重拾起工作，不再穿毫无特色的家居服，开始化精致的妆……孩子竟然神奇地开始注重自己了，后来聊天的时候，孩子这样说，妈妈都不穿漂亮的衣服，我为什么要穿？妈妈不管自己的头发，为什么我就要扎好看的发型？

看看，一个母亲的修养是多么重要，因为她直接影响到自己孩子的修养。很多人常说，看一个孩子的表现，就知道她的母亲是一个怎样的人。

孩子是父母的延续，父母想要他们健康成长的同时，也对他们寄予了厚望。孩子生下来就是一张白纸，在他们成年之前，画什么都由父母指引，成年后是孩子根据他所学到的去绘画。画纸或阴暗或阳光大部分取决于父的教、母的育、师的严，故三字经中有“养不教，父之过。教不严，师之惰”等字句。

《韩非子·外储说左上》中有一则故事，话说有一天，曾子的妻子要去集市，无奈年幼的小儿子哭闹着也要去。妻子就对孩子说：“你留在家里，妈妈回来杀猪给你吃。”孩子应允了。妻子傍晚回家，看见曾子拿着绳子在捆猪，旁边是磨得雪亮的刀，看架势是要杀猪。妻子连忙过去阻拦道：“我早上是为了哄孩子才那么说的，你别当真。”听了妻子说的话后，曾子正色说了一段对后人颇有影响的话：

“大人对小孩说话不能儿戏，小孩子没有判别能力，他的东西是跟父母学的，是听从父母的教导。现在你欺骗他，就是教孩子欺骗。母亲欺骗孩子，孩子以后就不会相信母亲，这样做是教不好孩子的。”说完，曾子就把猪宰了。让孩子吃了一顿丰盛的晚餐。

这个故事告诉我们：父母的一言一行、一举一动都可能对孩子产生巨大影响，对孩子许诺必须慎重。有的家长认为，跟小孩说话何必当真，这种想法太轻率了。

父母的言行是否一致不仅影响自己在孩子们心目中的威信，同时还对家庭教育有直接的影响。古话说：“其身正，不令而行，其身不正，虽令不从。”试想，你滔滔不绝地要求孩子有时间就多读书，而你自己一有时间就看电视打麻将，从不摸书；你千叮咛万嘱咐地要求孩子遵守交通规则，而你自己趁没人的时候闯红灯，怎么可能期待达到好的教育效果呢！

你想把自己的孩子教育好，就要从自身做起，提升自身修养，注意自身言行，养成好习惯。作为一位合格的母亲，更需要给孩子树立一个良好的榜样，做他生命里的明灯，指引他正确成长，使其成为有崇高节操的国家栋梁。

“昔孟母，择邻处，子不学，断机杼。”孟母用割断织机的布来教育孟子，后来孟子所以能够成为历史上有名的大学问家，和母亲的严格教育是分不开的。

启迪人生

身教重于言教，母亲在言行方面要严格要求自己，言行一致，重视自己的示范作用，会让孩子更有修养。

2 因材施教，私人定制孩子的成长方案

因材施教是孔子提出来的，当时实行的是个别化教育，因个别差异而施教，而现在的教学是班级授课制，实行的是集体教学。当代国情是这样，我们无力改变，但我们可以从家庭入手，为自己的孩子定制适合他的成长方案。

孔子是一位伟大的教育家，他提倡因材施教而且亲身实践。所谓因材施教，就是要根据不同对象的具体情况，采用不同的教育方法实施教育。做到这点，首先要了解教育对象的优势和劣势，以及各自特点。孔子的学生很多，但他对学生下了不少工夫去了解，不仅知其长，而且知其短，所以他在教育活动中能比较好地促使学生得到全面的发展与提高。

据《论语·先进》记载：孔子的两个弟子，一个叫子路，一个叫冉有，两个人在政治方面都颇有成就。有一次子路问孔子："闻斯行诸？"这意思是听到了好的事情就马上实行吗？孔子回答："不行，有父兄在世，怎么听到了就马上实行呢！"意思是要考虑家庭情况，看父兄是否同意。然而，当冉有去问同一个问题时，孔子就很肯定地回答说："听说了就要实行！"

孔子截然相反的回答使得另一个弟子公西华大惑不解，于是就去问孔子。孔子说："求（冉有）也退，故进之；由（子路）也兼人，故退之。"这是说，冉有比较懦弱，所以我就鼓励他，推他走快一点；而子路个性好胜，所以我就有意抑制他，让他缓和一些。

孔子就是根据学生的个性，在回答问题时有针对性地加以引导的。

可见，孔子的因材施教是无处不在的。不论他是在看待学生的优势与不足上，还是在教学内容、教学方法上，以至在回答不同性格的学生的问题上，都能体现出来。

尽管弟子有各种不同的性格、禀赋和才能，但在孔子的教育与引导下，都能得到较好的发展，学有所成。为当时的社会管理、经济发展、道德进步和文化普及，提供了坚实的知识基础和丰富的人才资源。

苏霍姆林斯基曾多次谆谆告诫教育者“要让每一个孩子抬起头来”，女性作为母亲更应该让我们的孩子抬起他的头。根据孩子的具体情况因材施教。家长要了解孩子在不同的成长阶段可能会遇到的问题，一个孩子一个样，一把钥匙开一把锁。你和你的孩子磨合了十几年，肯定比别人更了解自己的孩子，比别人最先发现自己孩子的问题，当然也更能比别人了解什么做法适合自己的孩子。

有一天，一个男孩回到家里，满脸不高兴，气呼呼地问自己的母亲：“他们给我起了好多外号，都特难听。”

“什么外号？说说看！”母亲温和地问。

“我眼睛小，他们叫我小眯缝眼；我做俯卧撑起不来，他们就叫我软骨病！我很生气！”男孩的脸涨得通红，大口喘气。

母亲笑着看着他生气的样子对他说：“你的声音很洪亮，唱歌不错。”

“是的，我是合唱队的领唱！”男孩得意地说。

母亲说：“好，我也给你起个外号怎么样？”

男孩瞪大眼睛，诧异地说不出话来。

“就叫你顾大歌唱家，怎么样？”

“好，好，这个外号好！”男孩乐得一个劲儿地点头。

母亲对孩子说说：“现在请‘顾大歌唱家’给我唱两句吧！”

孩子在母亲的注视下，唱得格外大声，母亲使劲儿地鼓起掌来，与他一同歌唱。

“顾大歌唱家”在母亲的赞扬声里兴奋不已，脸上绽放着自豪、骄傲。

母亲能看到自己孩子的长与短，并能因材施教，就是给孩子最好的礼物，孩子可能喜欢打游戏，可能喜欢看小说，讨厌学习，厌恶作业，但是你有没有想过他有可能会成为一个IT工作者、作家。

孩子就像稚嫩的幼苗，需要精心地栽培。柳树不能长在沙漠里，但不能说它没有生存的意义；孩子不懂奥数，但不能说他是蠢蛋，比别人低一等。选择合适孩子的“土壤”并给予他所需要的“养分”，那么他就能长得“茂盛”，走出属于自己的成功之路。

启迪人生

孩子就像稚嫩的幼苗，需要精心地栽培。引导孩子的强项，加以教育，培养其在某一领域内的优势，孩子必然会有所成就。

3 有一种爱是为了分离，培养孩子的独立生活能力

近几年，网络上出现了一个词叫“啃老族”，说的是年轻人并非找不到工作，而是主动放弃了就业的机会，赋闲在家，但仍未“断奶”，得靠

父母供养。社会学家称之为“新失业群体”。

啃老族因为从小依赖父母习惯了，养成了懒惰和只接受别人的劳动果实的习惯，成年以后，在经济、心理、生活等方面缺乏独立意识和独立能力，最后成了社会的累赘。其实每个母亲都明白有一种分离是爱，因为爱孩子，所以不能让孩子丧失生存能力。

> 三年前，小刘从复旦大学某文科类专业本科毕业。如今，当年的同窗好友，或顺利完成研究生学业，或在事业上小有成就。而他考了四次研，都以惨败告终，无奈地“啃”了三年老。“父母南迁伴儿读”，多么可歌可泣的亲情，一家三口在杨浦区开鲁新村租了一间约20平方米的小屋，月租650元。七年前退休的母亲负责在家照顾儿子的饮食起居，全家的衣服都得靠年过半百的母亲手洗。高温天最难熬，房间如火炉一般，别说复习功课，就是光坐着也受不了。

《东周列国志》第十九回说：“依人者危，臣人者辱。”意思是说依赖别人是危险的，趋附于人必遭侮辱。小刘因为没有独立的生活能力，只能像鸡一样生活扇扇翅膀，却永远不能遨游天空。这样的人不且要忍受自己思想上的“残虐”还要忍受来自外界的各类断章取义。

不要让你的孩子成为啃老族中的一员，这不是对他的保护。

小时候，父母离开自己的孩子去工作，是一种分离；读书的时候，孩子去上学了，是一种分离；孩子长大了，宿在学校，也是一种分离；他谈恋爱了，工作了，更是一种分离。

世间很多的爱是为了相知相守，但父母之爱却是为了分离。不懂得及时让孩子与自己分离的母亲是自私的！因为，只有分离，只有独立，孩子才能得到真正长久的快乐与幸福。

老鹰尚且知道将幼儿推入谷底，只为了自己的孩子学会飞翔，它残忍地将小鹰那正在成长的翅膀折断大部分骨骼，再次从高处摺下，在那一刻，只有身为母亲的女性，才会懂得老鹰的良苦用心——独立生活比什么都重要。

国外的一些家庭在他们的孩子年满18周岁的时候，开始有条件地限制对孩子的自我需求。在孩子有能力的情况下，尽量减少对孩子的付出，以此来达到锻炼孩子独立生活。

我身边就有这样一位母亲。她留学于清华大学，宠爱孩子却温和坚定，爱孩子的同时更不忘记孩子个人的独立生活能力。2001年，她的孩子大学毕业，在毕业晚会上，她这样对孩子说："……你呱呱坠地，我们迎来生命新的延续，你第一次紧握拳头，第一次叫妈妈，第一次学会走路，我都从中感受到自己生命中的信仰与那种从未有过的欣喜……今年你已经19岁了，我看到那个只有幼嫩翅膀的你正在蜕变成有钢铁护罩的大孩子。尽管我爱你，永远地爱你，但是你长大了，我可以教会你为人智慧，个人修养，但你成长中所需要的那些经验，是妈妈我一辈子也给予不了的……从明天开始，你将要独自飞翔，带着你19年来在妈妈这里学到的东西，去获得你应该获得的且更加美好的东西，去闯出属于你自己的辉煌灿烂的人生……在这个过程中，你可能会哭泣，会欣喜，会恐惧，会逃避，尽管我很心痛，恨不得这一切让我来承担，但是妈妈更懂得放手才是能给予你的最好的爱……"语毕，全场静寂，女儿紧紧抱住母亲，妈妈坚定的眼神就像那只折断幼鹰翅膀的老鹰一样。

世界上所有的爱都以聚合为目的，只有一种爱，以分离为目的，那就是母亲的爱。小鸟长大了，有了翅膀，就要离开巢穴，去天空飞翔。而母亲就是盼望着儿女终有一天，可以自己飞翔！

启迪人生

“去其糟粕，取其精华”，在教育领域里指的是“吸取事物中最好的东西，舍弃事物中坏的、无用的东西”。我们要吸取国外教育的精华，结合自身实际情况来对孩子进行分离与独立教育。

4 送他一颗爱心！懂爱的孩子，才会生活

鲁迅说：“教育植根于爱。”心中有对母亲的爱才能称为“孝”，有对职业的爱才能做出奉献，有对国家的爱才能为国家所用。世间万物一切皆源于爱。

生下孩子给了他生存的权力，教育孩子是给他生存的能力，把爱给孩子是让他有意义地活着。心中无爱的人，哪怕有再高的学历，再好的样貌，也不为人所尊敬。

曾在公交车上看到过这样的一幕，车上有一个衣冠整洁的大学生，还有一个穿着破烂外来的务工人士，上来一位老人，大学生对年迈的老人充耳不闻独自玩手机，工人憨笑着让了座，你的心里是如何看待的?这是真实的故事，就发生在我们的身边。孩子的举动也足以看到父母的教育。

有一则“闵子骞劝父感后母”的故事，感人至深。

闵子骞是周朝时期的人。幼时丧母，母亲弥留之际留下一句话："爱人者，人恒爱之；敬人者，人恒敬之。"父娶某姓女为继室。闵子骞素性讲孝，对待继母像生母一样孝顺。后来继母接连生了两个儿子，于是对闵子骞开始憎恶起来。总是在丈夫面前说子骞的坏话，挑拨他与父亲的关系。

冬天到了，天气十分寒冷。后娘为两个亲生儿子做的棉衣，里面是十分暖和的棉花；给子骞做的棉衣，内面却是一点也不暖和的芦花。芦花是水中生长的芦草，到处飞扬的那种轻飘飘的花，哪里能御寒呢！所以，子骞穿着觉得冷得很，好像没有穿衣一样。而这位后母反而向丈夫说："子骞不是冷，他穿的棉衣也是厚厚的。是太骄养了，故意说冷。"

一天，父亲要外出，子骞为父亲驾驶马车，一阵阵凛冽的寒风吹来，子骞冷得得战栗不已，手冻得拿不稳缰绳，缰绳掉到了地上，马差点儿将车子拉下了悬崖。父亲大怒，扬起马鞭猛打子骞。子骞的棉衣被打破了，里面的芦花飞了出来。父亲这才明白了一切，立即回家责骂后妻，要将狠毒的女人赶出家门，休掉她。后妻像木头一样呆呆地立着，羞愧得无话可说。子骞跪在父亲面前，哭着劝父亲："母在一子寒，母去三子单，请不要赶走母亲。"

好一句"母在一子寒，母去三子单"，这句话不知让多少人为之动容，闵子骞的继母后悔不已，从此待闵子骞如亲子，这就是孝行的感化和伟大所在。

"爱人者，人恒爱之；敬人者，人恒敬之"，意思是说仁爱的人爱别人，礼让的人尊敬别人。爱别人的人，别人也会爱他；尊敬别人的人，别人也会尊敬他。

现在的孩子从小就要上各种各样的学习班，为孩子将来能有出息家长们可谓想尽办法；在物质方面家长们也是竭力满足孩子的要求，只要孩子学习好，反而忽略了孩子内心的精神文明建设。

出生于阿里的周晨自幼丧父，母亲是1989年被人贩子拐到深山的湖南女大学生。在生下周晨的时候，原本就不怎么宽裕的家庭变得更加拮据，从未出过山的父亲咬牙踏上了去上海的路途，只留下尚在月子中的妻儿和年迈体弱的老母。周晨的奶奶是土生土长的藏女，来自生活的压迫让她变得对人生非常悲哀。一家人的殷切期盼没有盼来男人的饭菜钱，周晨的父亲被高空坠落的千斤坠活活砸死在当场，遗憾的是，连保险也没有。

1992年，周晨三岁，长期的营养不良让他像一个刚出生的婴儿，周晨的奶奶日渐消瘦，在弥留之际频频发高烧，当时当地的医疗设备跟不上，直接瘫痪在床，这样的情景维持了两年。周晨奶奶死前半年，随着国家打击人贩气氛还渐高涨，他的母亲被解救回湖南，不顾众人的劝说又回到阿里，照顾不会吃喝拉撒的婆婆，直至她闭眼前紧紧拉住她一直不喜欢的媳妇，喃喃地发不出声来。

2001年，周晨在他的日记中这样写道："……老吾老以及人之老，幼吾幼以及人之幼……我的母亲用实际行动告诉我，人要有爱心，要有孝心……"

有爱的人才会幸福，懂爱的孩子才会快乐，才会生活，才会把这种爱融进自己的人生，从而让人生中一直有爱相伴。

启迪人生

树立一个心怀爱心的伟大母亲的形象，孩子自然也会拥有一颗爱心，并受母亲的影响，健康、快乐且心地宽阔地成长。

5 性格决定命运，塑造性格从小开始

有这样一个小故事：

古时有个名叫王如湛的女孩，她的母亲曹氏是个吃斋拜佛的家庭妇女，家里一直供着观音像，一有空就念诵经文。

有一天，曹氏抱着牙牙学语的小女儿一边念经一边逗她玩。这时，奇怪的事情发生了。小女儿也跟着咕噜咕噜地念，起初母亲并不在意，也听不清她说什么。后来，只要母亲一开口，女儿就跟着念，仔细听才晓得，她念的全都是经文。母亲大吃一惊，对丈夫说："这可不得了，女儿年纪这么小，怎么也会念经啦？"

她的丈夫说："这有什么奇怪，你成天经不离口，女儿在你身边，耳濡目染，当然就跟着你学会了。"

这则小故事说明，孩子的性格、特质真的是稚嫩的婴儿期就被父母熏陶的。后来，故事中的女主角全家搬到金陵安居，她在十五六岁即到广惠寺出家，师父给她取名为如湛，后来投身佛门，做了寂照寺的住持。

我们说，性格决定命运，其实所谓性格就是父母亲在孩子幼小时对孩子身教言教的结果，在孩子身上我们能在很大程度上发现父母亲性格的影子，父母亲的爱好甚至能决定孩子的未来命运。

对于性格决定命运的阐述，在三国时期的刘备身上体现得最为明显。

东汉末年，刘备本是以卖草鞋为生的，凭他的能力文不能安邦武不能定国，可他结识了张飞、关羽之后，桃园三结义，并说出“兄弟如手足，妻子如衣物”这样的话语。正是因为刘备重义气，使得归顺到他麾下的赵云、诸葛亮等一干名臣誓死效力，为三分天下的霸业奠定了基础。还有一句话叫“成也萧何，败也萧何”，刘备却又是被义字给害了。

关羽大意失荆州，为孙权所杀，刘备哀痛欲绝，遂起倾国之兵讨伐东吴，结果兵败白帝城，不久郁郁而终。

刘备的义成全了他和他的西蜀，但最终也葬送了他的性命。

唐代浪漫主义大诗人李白曾经为陈阿娇写过一首诗叫《妾薄命》，全文是：

汉帝宠阿娇，贮之黄金屋。咳唾落九天，随风生珠玉。
宠极爱还歇，妒深情却疏。长门一步地，不肯暂回车。
雨落不上天，水覆难再收。君情与妾意，各自东西流。
昔日芙蓉花，今成断根草。以色事他人，能得几时好。

这首诗即是成语“金屋藏娇”的由来。汉武帝时期，陈阿娇乃是长公主之女，从小锦衣玉食，养成了说一不二的公主性格，后汉武帝立她为皇后，为其打造金屋，可谓盛宠一时。最终，阿娇皇后在皇帝面前逐渐失去地位，让卫子夫夺取了皇后之位，自己被打入冷宫孤独死去。阿娇从小性格骄横跋扈，依仗母亲对刘彻有拥立之功，自己与武帝又是青梅竹马，在宫中从不收敛，对待皇帝也是常耍性子、给脸色，试想，后宫佳丽三千，哪个皇帝会喜欢这样蛮横、霸道的皇后？

今天，我们给孩子讲“金屋藏娇”这个典故的时候，该让他们知道，对于成功的人生来说，拥有良好、友善却又不失威严、庄重的性格比拥有雄厚家财、骄人背景和亲密的社交关系更为重要。

当代作家梅洁在36岁时开始涉猎文学创作，由于其独特的创作风格，曾在当代文坛掀起一股女性散文热潮——梅洁散文。

谈起自己的发展，梅洁坦言，与父亲对她的教育密不可分。

20世纪50年代中期，梅洁的父亲曾经以体操全能、标枪、铁饼、万米长跑的优异成绩获得“国家健将级运动员”称号。小梅洁继承了父亲优秀的运动基因，并迷恋上体育，准确地说，她热爱自己的父亲。而父亲也有意培养她的弹跳力、短跑速度等，并亲自指点她如何摆臂、如何起跑。

梅洁从小觉得未来的自己应该也是一名国家级运动员。

1965年夏天，高中毕业填志愿时，本来想报考体育学院的梅洁想到了父亲的悲苦劝阻：“孩子，你学什么也别学体育……”

正是由于父亲出色的体育成绩和获得的各项荣誉，在1959到1979年长达20年的时间里，梅洁的父亲被打成了资本主义走资派。

父亲对于梅洁的影响深远而绵长，贯穿了她的整个生命。而梅洁把对父亲的缅怀和热爱揉进了文字里，于1984年发表了她的成名作品170行长诗《弯弯的石径》。此诗发表后一鸣惊人，而这首诗正是献给她父亲的，因为父亲塑造了她。

启迪人生

命运是一种不可知的神秘力量，每一个孩子的生命都带有与生俱来的命运密码，那就是在性格形成、生命成长过程中所有被添加进去的积极因素或消极因素所左右的人生道路的选择。

6 习惯决定生活，培养有教养的气质宝贝

有一个这样的动物实验：将一只小白鼠放在铁笼子里，笼子的门通上电，然后把门打开一条细缝，小白鼠看到门开了，就要往外跑。可每次它都被电到，便退回笼子。尝试了很多次之后，小老鼠便老老实实地待在笼子角落，不再试图钻出去了。

后来，实验人员把铁笼子的门全部打开，并撤掉了绑在铁门上面通电的导线。可笼子里的小白鼠还是没有跳出铁笼的迹象，哪怕实验人员用棍子驱赶它向门外走，它仍然对那道无形的门退避三舍，不肯再靠近半步。

为什么小白鼠在实验的前半段想方设法要逃离，后半段却对敞开的门视而不见呢？在动物身上，这是一种条件反射的记忆。

这样的实验带给我们的启示是：长年累月养成的习惯会成为禁锢自己的锁链，并深刻影响你的生活。

1998年1月21日至28日，全球75位诺贝尔奖获得者相聚在法国首都巴黎，就人类所面临的重大科技问题进行研讨。会议期间，有人向一位诺贝尔奖获得者请教："您是在哪所大学、哪个实验室获得重要知识的？"出人意料的是，这位白发苍苍的老者却说："我是在幼儿园。"提问者一下子愣住了，接着问："您在幼儿园学到了哪些最重要的东西呢？"这位科

学家耐心地回答说：“我学会了把自己的东西分一半给小伙伴，不是自己的东西不能拿，用过的东西要摆放整齐，吃饭前要洗手，午饭后要休息，做错了事要表示自己的歉意，仔细观察周围的大自然……”

良好的行为习惯会影响人的一生。

人的优良品质和良好的行为习惯是一天一天培养起来的，长年累月，一以贯之，良好的习惯就可以受益终身。荀子在《为学篇》中讲：“积土成山，风雨兴焉；积水成渊，蛟龙生焉；积善成德，而神明自得，圣心备焉。故不积跬步，无以至千里；不积小流，无以成江海。骐骥一跃，不能十步；驽马十驾，功在不舍。锲而舍之，朽木不折；锲而不舍，金石可镂。”

我国著名的书画家齐白石有一句警句：“不教一日闲过。”他非常珍惜时间，从不浪费。他对自己提出了一个标准，就是每天要挥笔作画，一天至少要画五幅。这个习惯在他90岁高龄时依然保持着。

有一次，齐白石的家人和朋友、学生来给他过90岁的生日，在喜庆的气氛中，他一直忙到很晚才把最后一批客人送走。这时他想，今天五幅画还没有完成呢，应该作完画再睡觉，于是拿起笔去作画。由于过度疲劳，难以集中精力，在家人的一再劝阻下，他才去休息。第二天，齐白石早早地就起床了，家人怕他累坏身体，都劝他再多休息会儿，可齐白石却十分认真地说：“昨天客人多，我没有作画，今天可要补上昨天的‘闲过’呀！”说完他又认真地作画了。

在孩子教育的过程中，勤学、多思、好问这些都是优秀的习惯，这些优秀的习惯要从小培养。如今，儿童读物十分庞杂，家长要从生活的点滴做起，培养孩子的生活习惯、生活能力，不要让孩子在父母的溺爱下成为温室里的花朵。媒体报道，很多孩子上大学，家长要在学校附近租房子，要负责孩给洗衣服、改善伙食等，因为他们的孩子从小没做过这些，于是培养了很多的“生活低能儿”。

传说东汉时，有一个名叫陈蕃的少年，总是自命不凡，一心想干大事业。有一天，父亲的朋友薛勤来访，见他独居的院内脏乱不堪，便对他说：“孺子何不洒扫以待宾客?”这时，陈蕃回答：“大丈夫处世，当扫天下，安事一屋?”薛勤当即教育他：“一屋不扫，何以扫天下?”陈蕃无言以对。

陈蕃志向远大固然不错，但是他没有意识到，“扫天下”必须从“扫一屋”开始。百川归海成就海的浩瀚壮观，小事累积成就人生的不凡与丰富。

孩子学校的教学楼里抬头就能看到几个醒目的大字：“好习惯 早养成 有素养 益终生”。我想，这几个字也是对现代家庭教育最本质的总结了。

启迪人生

思想决定行为，行为决定习惯，习惯决定性格，性格决定命运。这句话高度概括了思想、行为、习惯、性格、命运之间的关系。作为一位现代社会的妈妈，要懂得如何培养、教育、启发、引导孩子，让他们成为有修养、有文化、有情操，高情商、高智商的气质宝贝。

7 给他一颗梦想的种子，送他一对腾飞的翅膀

马丁·路德·金说过，“如果你的梦想还站立的话，那么没有人能使你倒下”。

梦想是什么？梦想就是一颗种子，种在人的心里，具有蓬勃而强大的力量，它超越物质、超越生活表象，是根深蒂固的精神存在。没有梦想的人生是苍白无力的。

彭端淑在《为学》中讲过一个故事：

> 蜀之鄙，有二僧：其一贫，其一富。贫者语于富者曰：“吾欲之南海，何如?”富者曰：“子何恃而往?”曰：“吾一瓶一钵足矣。”富者曰：“吾数年来欲买舟而下，犹未能也，子何恃而往!”越明年，贫者自南海还，以告富者 。富者有惭色。西蜀之去南海，不知几千里也，僧富者不能至而贫者至焉，人之立志，顾不如蜀鄙之僧哉?

人之立志，即人之理想，是坚定的理想让那位一瓶一钵的贫者终于到达南海，实现了心愿。

梦想和目标如悬在夜空的一盏明灯，指引着人生的方向，督促着我们一站一站地往前赶；梦想和目标又如深埋在心间的一粒种子，随着我们的脚步一直在长，直到长成参天大树，引导我们追寻，催促我们加快脚步，一直向前，向着梦想和目标靠近、再靠近、无限地靠近，直至最终实现。

毛泽东出生于湖南湘潭韶山冲的一个农民家庭，家境较为优越，父亲一直希望他早点娶妻生子、继承家业，但少年毛泽东却并不想像父亲那样生活，他想到外面的世界去看一看。于是在1910年的秋天，毛泽东离开了家乡韶山，走向外面更广阔的世界。这是他人生历程中的第一个转折。当时，他怀着激动的心情，为父亲留了一首诗，夹在父亲每天必看的帐簿里，以作告别——“孩儿立志出乡关，学不成名誓不还。埋骨何须桑梓地，人生无处不青山。”

少年毛泽东从此走出小小的韶山冲，走出湘潭，走出长沙，并带领劳苦人民开创出一个崭新的中国。

作为毛泽东的搭档，周恩来也是在少年时期就树立了远大理想。

1911年年底，周恩来在沈阳东关模范学校上学。这一天，魏校长亲自为学生上修身课，题目是“立命”。当时正是中国社会发生剧烈变动的时期。孙中山领导的辛亥革命刚刚推翻了清朝政府，结束了中国两千年的封建统治。很多人，特别是年轻人思想困惑，没有明确的理想追求，没有人生奋斗的目标。校长讲“立命”，就是给学生讲怎样立志。

魏校长讲到精彩处突然停顿下来，向学生提出一个问题：“请问为什么读书？”

教室里静静的，没有一个学生回答。

“如果没有人回答，我就一个个问了！”

魏校长走下讲台，指着前排一个同学问：“你为什么而读书？”这个学生站起来挺着胸脯说：“为光耀门楣而读书！”，“就是为了光宗耀祖。”魏校长又问第二个学生，回答是：“为了明礼而读书。”第三个被问的学生是一个靴铺掌柜的儿子，他很认真地回答说：“我是为我爸而读书的。”同学们听了哄堂大笑。

校长对这些回答都不满意，摇了摇头又到周恩来面前，问道：“你是为什么而读书？”

周恩来在学生中威信挺高，前不久，辛亥革命刚刚成功，他在同学中第一个剪掉了长长的辫子，这是很不简单的一件事，因为满清政府规定，所有汉人男子都必须像满族人一样留长辫子，以表示忠于清朝朝廷，不留辫子就要杀头。周恩来是第一个剪掉辫子的学生，所以，大家都很佩服他。

周恩来站起身来，教室里静悄悄的，大家都在等待他的回答。周恩来非常郑重地回答道：“为中华之崛起而读书！”

“为中华之崛起而读书！”回答得多好啊！一句话，表达了周恩来从小立志振兴中华的伟大志向。

魏校长没有想到，竟然有这样出众的学生，非常高兴。他示意让周恩来坐下，然后对大家说：“有志者，当效周生啊！”

可以说，人类没有梦想，就没有未来。梦想是生活的延伸和拓展，是人类进步的动力，是创造的源泉。

哥白尼因大胆怀疑“地心说”的科学性被迫害，布鲁诺因宣传哥白尼的真理而被活活烧死，可是人类对于天文学的探索却前进了一大步，并一直在为梦想而坚持。

作为新时代掌握现代科学技术的女性，要学会给孩子插上梦想的翅膀，不要拔苗助长，不要扼杀孩子的天性，要尊重孩子，不要以成年人的观念强迫孩子做选择。

2014 年 11 月中旬，北大一位名叫周浩的学生选择退学，去上了技校。这则新闻被爆出后引起了广泛热议，周浩为什么会放弃北大而选择一个毫不知名的技术类学校呢？因为他不喜欢自己的专业，不喜欢所学的东西，在休学一年之后他还是做出转读技校的决定。当初，学习成绩优异的周浩是在父母亲的谆谆教诲下报考北大的。

这则新闻讲的是，梦想是孩子的，不是父母的，父母可以顺势而为，培养和强化孩子在某方面的天性和爱好，但不能越俎代庖，不能以亲情名义绑架孩子的未来，更不可为自己的利益扼杀孩子的天性。否则，孩子很可能就成为王安石笔下《伤仲永》里面的仲永一样，“泯然众人矣”！

当红歌手韩红不具备明星靓丽的外表和容颜，但她凭借自己多年的努力终于站在实力派当红歌星的行列。韩红出生在西藏，母亲就是演唱《北京的金山上》的著名藏族女歌手雍西。很小的时候她经常在后台观看母亲表演。韩红6岁时，父亲离世，她被送到北京的奶奶家。韩红从小爱唱歌，上小学时她即显露出歌唱的天赋，她热爱和坚持唱歌的道路因为其并不出色的外貌而屡受挫折。十几岁后，她把所有的业余时间都用在学吉他、练唱歌上，并且参加了很多的歌唱比赛。1995年，韩红自费拍摄的MV作品《喜马拉雅》在中央电视台的MV大赛中获得铜奖，她才终于获得了出头的机会。韩红自小就想唱歌的梦想，除了具有母亲遗传的歌唱天赋，也与经常观看母亲演唱，对舞台有着朦胧的向往是分不开的，而那朦胧的向往就是梦想的种子，它早已在韩红幼嫩的心中萌发了。

梦想有多高就能飞多高，梦想是人生的指引，是努力的方向，是高悬于前方的希望之灯，跟着梦想一起飞，就能飞上云端，飞上峰巅！梦想是成功的开始。有了梦想，并竭尽全力为梦想努力，为梦想坚持，成功就一定会来到，梦想就一定会成真。坚持梦想，并不懈努力，就没有什么梦想是不能实现的。在孩子心里种一颗梦想的种子，终有一天它能长成参天大树。

启迪人生

俗话说："十年树木百年树人。"孩子就像一颗小树，要不断地把那些横逸出来的枝条修剪掉，要保证孩子在正确的人生道路上成长。而那颗能让小树发芽、生根、茁壮成长的梦想的种子需要父母用心发现、用心培养。

8 从小建立安全感，爱他就多陪陪他

母爱常被描绘成母亲对子女的恩情，无私、伟大，也是文学作品中的常见题材。古代有不少诗词是歌颂母爱的，如唐朝诗人孟郊的《游子吟》，表现了母亲对子女无微不至的关怀。这也能看出来，在中国文化传统中，亲情文化是最为重要的一环。在我们所理解的传统概念里，女性从来都被要求是贤妻良母，尤其是在古代，女性在家庭中依附于男性存在，信奉"三从四德"，相夫教子乃是本分。

时代在进步，当代的思想文化早已发生巨变。现代女性由于兼顾工作和家庭，在对孩子的教育方面所付出的时间就少了许多，社会上甚至出现了不婚族、丁克族等。由于时代巨变，现代妈妈们对于孩子的教育也呈现出各种各样的形态，在体现母爱最为关键性的环节——时间陪伴这方面就会出现欠缺，并由此引发教育中的各种问题出现。最典型的就是孩子安全感的不满足。

安全感是儿童生存的基本需求。有安全感的孩子情绪稳定，性格坚定平和，遇事不会惊慌失措，能较好地与同学交往，能现实、理智地处理在生活中遇到的难题。缺乏安全感的孩子，则表现出情绪波动大、胆小怕事、社会回避、自闭、性格孤僻、承受挫折的能力弱等人格倾向。

其实，一个人的安全感，与生命早期和“母体”的关系密切相关，也与幼年父母对孩子的理解、关爱和保护有关。

大作家马克·吐温曾这样形容母亲的陪伴：“就是在我们母亲的膝上，我们获得了我们的最高尚、最真诚和最远大的理想，但是里面很少有任何金钱。”在孩子成长的过程中，亲历并陪伴孩子是父母必须做到的，这是孩子建立安全感唯一可行的方式。

曹雪芹著的《红楼梦》中，塑造了两个著名的女性形象，薛宝钗和林黛玉。她们都是才思敏捷、心思玲珑的女子，但她们的最后结局却截然不同，虽然这部小说本身就是一部悲剧故事，但宝钗的人生在故事里面却比黛玉要快活得多。这是因为，黛玉自小丧母，性格多疑，虽然外祖母爱护她，但她家境一般，比起金陵显赫的“贾王史薛”四大家族，黛玉没有可供自己傲娇的身家，又自小就寄人篱下，内心十分缺乏安全感。所以，养成了多疑、猜忌的性格特点。而宝钗则不同，薛家是可与贾家比肩而立的存在，薛姨妈和宝钗住在贾家也并不觉得心虚、没地位，这种身世背景，加上美丽的面容、娴雅端淑的性格，宝钗自然底气十足，不似黛玉那般凄苦。

书中，宝钗和黛玉对于自己的心理、生活等状态在诗词中有很多体现，从中也可看出黛玉缺乏安全感。比如，在红楼梦第七十回《林黛玉重建桃花社 史湘云偶添柳絮词》中就有一段这样的描述：“众人来看时，以柳絮为题，限各色小调。……看黛玉的《唐多令》：‘粉堕百花洲，香残燕子楼。一团团逐对成毬。漂泊亦如人命薄，空缱绻，说风流。草木也知愁，韶华竟白头。叹今生谁舍谁收？嫁与东风春不管，凭尔去，忍淹留。'”整首词虽然词句精奇、瑰丽，却难掩悲情愁绪。而宝钗做出来的同样主题的《临江仙》却是：“白玉堂前春解舞，东风卷得均匀。蜂团蝶阵乱纷纷。几曾随逝水，岂必委芳尘。万缕千丝终不改，认他随聚随分。韶华休笑本无根，好风频借力，送我上青云。”诗社众人皆以宝钗的《临江仙》为最好。

可以想见，什么样的人写出什么样的文字，正是由于黛玉幼时丧母、寄养在舅舅家，又没有庞大家世做后盾，因此在诗词上就表现出漂泊、零落、凄楚、哀怨之风。而此种风格诗词究其人性根底，乃是黛玉从小缺乏安全感所致。

家庭教育中，影响孩子安全感形成的因素有很多。

曾有儿童心理学方面的专家接待过一些缺乏安全感的孩子：

一个10岁的女孩小静，每天晚上都做噩梦，梦里总是不断地找妈妈，感觉自己似乎在路上焦急地奔跑、寻找，看到前面的人特别像自己的妈妈，就急忙追过去，追上了才发现并不是妈妈。一次、两次……她感到非常焦急，不断地找啊找……有时候，小静总是这样被急醒或吓醒，因此感到非常无助和恐惧。

心理专家分析，这个案例中，问题是很明显的，小静非常缺乏安全感。原来，在培养教育孩子的过程中，小静妈妈为了培养孩子的生活独立性和解决问题的能力，经常和孩子玩捉迷藏的游戏。有时在超市里或者马路上，母亲会在孩子不注意的时候突然消失，这时小静就会很着急，她不断地找啊找，直到找到妈妈。好多次妈妈都藏得很久，甚至能藏将近一个小时，她躲在后面看孩子如何处理。慢慢地小静学会了走散后留在原地，求助于警察或者商场职员等策略，母亲也为此事而沾沾自喜，在她看来，这个游戏非常锻炼孩子。

这个游戏虽然能够培养孩子独立解决问题的能力，可是小静妈妈没有掌握好尺度。因为每个孩子的情况是不同的，小静是一个脆弱的孩子，母亲经常突然地把她置于这样一种焦虑状态里，孩子感受到的更多是无助和恐慌。后来，心理专家设置了同样的捉迷藏游戏，这次变成小静藏、妈妈找。地点是在家里，因为环境很熟悉，所以，小静没有任何担心和害怕。同时，在找的过程中妈妈有意地和小静说话，让孩子体会到妈妈在为找不到她而担心，妈妈很关心她、很爱她，很想找到她。语气要轻松自如，不要传递焦虑和紧张。进行了几次这样的游戏后，小静的问题得到了很好的解决。首先，睡眠明显好转，不再像以前那样担心妈妈，不再那么容易害怕和焦虑了。

幼儿时候对于孩子来说最重要的就是安全感，这种安全感的培养需要在家庭内进行。有首儿歌唱道：“爱我你就陪陪我，爱我你就夸夸我，爱我你就亲亲我，爱我你就抱抱我……”这是儿童所表达的需要父母陪伴的心声。

启迪人生

有句谚语说：妈妈在哪儿，哪儿就是最快乐的地方。“太阳月亮星星是吉祥的一家，花儿叶子果实是吉祥的一家，爸爸像太阳照着妈妈，妈妈像绿叶托着红花，孩子像种子一样正在发芽。”只有在充满安全感的温暖的家庭里，才能感受到这种优美、有爱的歌曲氛围。

第八章

国学中的养生减龄智慧，让魅力永恒

女性到了一定的年纪，即便是再隐瞒，也容易暴露实际的年龄。想要减龄，就需要好好地爱自己，不仅养身，更要养心。要从早睡早起、闭目养神、梳头等这些看似很平常的小事做起，还要把滋阴养肾和养护膝盖等日常养生也重视起来，只有这样，才有可能做到真正的减龄，才有可能真正拥有自己的快乐和幸福。

1 人活精气神，有气，才有气场

古人云："天有日月星，人有精气神。"精气神三者的关系是息息相关的。气起源于精，精又产于气，只有精气充分，才能体现出神。从中医的角度来看，生命有三个要素，那就是精、气、神。从养生的角度来说，也有三大法宝，那就是养精、养气、养神，然而，归根结底就是养气，这是一个人的根本。

什么是气？中医认为，人体的气有四种。第一种气叫元气，它从父母那里继承来，是生命原发性的"气"。元气也叫真气，来源于肾脏，由于肾脏藏精，精又可以化成气。第二种气叫宗气，宗气主要来源于后天的呼吸，是呼吸之气。第三种气叫营气，营气是流行于人的血脉当中的营养物质，对人体起到滋养作用。第四种气叫卫气，它是运行在体表，起到一种保护人体、抵御外邪的作用。养气最重要的就是保养这四种气。

中医认为气既是维持人生命活力的物质，又是人体各脏腑器官活动的能力。气既是物质又是功能，是能量也是一种信息。又有中医专家认为气的运行通道就是经络。气对人体有三大作用：一是推动作用，可以推动经气、血液的循行。二是气化作用，气化是物质和能量转化的过程。气作为新陈代谢的动力，可以促进人体生长发育，维持各脏腑组织器官的功能活动，并调节人体的正常体温。三是防御作用，气具有抵御邪气的作用，既可以护卫肌表，防止外邪入侵，又可以与病气斗争，将之驱除出去。

有一次林肯总统面试了一位应征者，这位应征者许多方面都符合条件，但林肯后来并没有录取他。幕僚问林肯原因，岂料林肯竟然说："我不喜欢他的长相！"幕僚非常不服，问道："难道一个人天生长得不好看，也是他的错吗？"林肯回答："一个人四十岁以前的脸是父母决定的，但四十岁以后的脸却是自己决定的，一个人要为自己四十岁以后的长相负责任。"

其实林肯淘汰人的原因和我国古人的一句"相由心生"不谋而合，用中国的古话来说，就是林肯觉得那个来面试的人没有精气神，没有气质。我们常会花很多的时间、金钱去买名牌服饰、品牌化妆品，却很少花时间去修身养性。殊不知气质才是最好的名牌，一个人脸上有气质，远比身上一身名牌看起来更美，更受人肯定。

做人，要有精气神，要有朝气蓬勃的气。无论年轻与否，也要让人感到生命的鲜活；无论身体好坏，也要让人知晓心灵的坚韧；英雄落难，也要让人看出东山再起的强悍。有了这种精气神，有了这种朝气蓬勃的气，才会赢得他人的尊重、赞赏和支持。如果一个人活得没有精气神，整天都是萎靡的状态，那他更不可能获得别人的认可与重视。

《曹刿论战》中曹刿说："夫战，勇气也。一鼓作气，再而衰，三而竭，彼竭我盈，故克之。"

《孙子兵法》说："是故三军可夺气，将军可夺心。是故朝气锐，昼气惰，暮气归。"

《左传》和《孙子兵法》里所说的气，都是指一种精神力量或心理状态。

孟子说："其为气也，至大至刚，以直养而无害，则塞于天地之间。"

由此可以看出，气对人体是非常重要的，它不仅关系到我们的身体健康，更关系到我们做人和做事的气场，然而，我们应该如何养气呢？

养气是孟子提出的一种修养的方法，他说"吾常养吾浩然之气"。他认为，气是一种精神力量或心理状态，是一种勇往直前、无所畏惧的主观精神力量。历代的一些著作谈到文论、画论中关于气的理论时，往往溯源至孟子的养气说。

身体健康是提升气场的根本，因为健康与气场有着密切的关系。健康与气场会自动地保持一致，身体健康的人气场强大，而且是积极向上的，能让他人产生愉悦感；而一个多病的人，其气场必然弱小，而且是消极颓废的，会给他人带来压抑和郁闷。所以，提升气场，要从根本上做起——保持健康。

今天，社会意识、高效率的工作重担、激烈的竞争，要求现代女性具有精明强干、反应敏捷、承受力强的特点。要做到这些，首先要有健康的身体。越来越多的女性讲究健美的身材、神采奕奕的精神面貌和柔中有刚的气质，因而积极参加各种体育锻炼。随着改革开放，物质、文化水平的提高，女性对于美的享受和追求，其内容和形式也愈来愈丰富。

一般来讲，相对男性的阳刚之美应，女性之美是阴柔之美，而阴柔之美并非不健康的气场。女性温柔的气质，加上适当的美容、美发和美的服饰，的确会加强女性美的气场。但如果她精神萎靡不振，有气无力，是宛如林黛玉那样的“病美人”，那么她的气场就会产生负面变化。时代在进步，社会在发展，使我们这一代人对美已有了更客观、更现实的理解：美是相对的，但在相对性中包含着绝对性，就现代女性而言，容貌、形体的美以及服饰、打扮都是次要的，健康的身体才是气场的根本。进入新世纪，人类对健康的追求日益迫切，健康的标准越来越具体。女性在追求形体美的热潮中，越来越认识到没有结实的、健康的身体，就不可能拥有强大的气场，更不可能感染别人。

女人相对于男人而言，更容易需要养气，女人在心情抑郁时可能会导致气虚，尤其是吃饭时生气；女人怀孕的时候如果营养不足，长久不能进食、早产、喂养不当，可能会导致孩子气虚；如果气虚体质的女人大病一场，就会元气大伤，对健康产生极为不利的影响；女人如果长期过度用脑也会气虚；重体力劳动者和女性职业运动员也容易气虚；长期通过节食方法减肥的女性朋友可能会出现营养不良的症状，从而导致气虚；喜欢吃冰冷寒凉、肥甘厚腻、缺乏运动也会导致女性朋友气虚。

气虚的女性往往会出现肌肉松软的情况，包括肚皮、眼皮、屁股、脸等部位。从中医的角度来说，脾在人体主肌肉和四肢，脾气虚，四肢肌肉就松软无力。很多气虚体质的女性朋友疲乏而且会有头晕健忘的情况。另外，没食欲、消化不良、经常腹胀、便秘、面色萎黄或淡白、头发干枯没光泽、容易感冒、出虚汗、舌淡而胖、舌边有齿痕、脉弱等情况都是女人气虚时的表现。

中国许多知名的中医都曾经在公开场合提起，气虚的女人容易衰老。既然气对于女人来说如此重要，女性朋友们应该如何养气呢？

中医建议女性朋友们采用饮食养气效果比较理想。气虚体质的女性朋友适合吃性平偏温的、具有补益作用的食品，如大枣、苹果、红薯、土豆、山药、莲藕、香菇、鸡肉、猪肚、牛肉、羊肉、蜂蜜、糯米、小米、黄豆等常见的食物，它们都有着很好的补气效果。另外，女性朋友们除了适当的饮食养气之外，还需要配合一定的运动，在繁忙的工作之余能够抽出时间进行跑步、打球、瑜伽等运动，这对身心来说都是非常有益处的。还有一点必须注意，保持好心情也是非常重要的。

启迪人生

女人只有好好爱自己，好好养气，才能活出品位、活出尊严、活出健美、活出快乐和幸福，才能越来越有魅力，越来越年轻，才能在竞争激烈的社会里，拥有无可匹敌的强大气场。

2 对自己好一点，调理身体从滋阴养肾开始

现代女性承受着前所未有的竞争压力，同事间的竞争、上下级关系紧张以及感情问题上的分分合合，都成为女性朋友压力的源泉。工作、家庭、复杂的人际关系，让现代女性承受着巨大的压力，导致身心透支。女性又容易多愁善感，长期处在郁闷的心情下，肌体的免疫力也会受影响，肾脏可能因之而慢慢亏损。

此外，许多女性白领长期处在不通风的空调环境中，空气中有害物质如二氧化碳、有毒粉尘等含量过高，会导致肾等脏腑器官的免疫功能下降，长期发展下去，就可能形成肾炎。再加上现代人食用快餐食品较多，营养结构不合理、热量太高，也会使肾脏过热导致抵抗力下降。

中医认为肾为先天之本，藏精，主生长，发育，生殖；主骨，生髓，通脑；主纳气；主水液；开窍于耳；司二便，腰为肾之府；等等。总之肾脏的健康说明人体生长、发育、生殖系统的活力。如果肾虚了，就会出现一系列衰老的现象。女性的一生中各个阶段基本都会出现肾虚，幼儿期肾虚可导致发育迟缓；青春期肾虚可导致初潮延迟，月经稀少；成年期则导致不孕不育，性欲淡漠，提前绝经；更年期则易导致骨质疏松心脏病变等。

中医认为，男怕伤肝，女怕伤肾。肾虚主要分肾阴虚和肾阳虚，根据相关调查研究发现，将近98%的女性都会出现不同程度的肾阴虚和肾阳虚，头晕、目眩、耳鸣、潮热、盗汗、夜晚口干都是肾阴虚的表现；腰肢酸软、手脚冰凉、畏寒大多是肾阳虚的表现。

《黄帝内经》讲："夫自古通天者，生之本，本于阴阳。阴阳者，天地之道也，万物之纲纪，变化之父母，生杀之本始，神明之府也。”

意思是说，天、地、人万物都是由阴阳产生的，天地的变化、气候的变化、人体的生长都由阴阳的变化而成。其中，天和地之间，天为阳，地为阴；人之间，男人为阳，女人为阴；就一个人来说，体表为阳，体内为阴；人的手，手背为阳，手掌为阴。对于女性容颜最重要的肾来说，也有肾阴与肾阳两个重要的方面，这两方面决定了女性美容养颜成功的可能性大小。

渴望拥有美丽的容颜是女人一生的追求，没有哪一个女人不希望自己面若桃花肤如凝脂，从二八美丽少女到八十老太，没有哪一个女人不希望自己拥有修长又曲线玲珑的身材，充满青春活力。然而，想要拥有这些，就必须从现在开始滋阴养肾，对自己的身体进行调理和改善。

曹雪芹在《红楼梦》第二回借冷子兴之口、贾宝玉之言表达了这样一种看法：“女儿是水做的骨肉，男人是泥作的骨肉。我见了女儿，我便清爽；见了男子，便觉浊臭逼人。”贾宝玉也时常称自己为“须眉浊物”，但这样的看法并不是贾宝玉的专利。贾雨村在谈到他教的学生时，他的学生也有类似的说法，“这女儿两个字，极尊贵、极清净的，比那阿弥陀佛、元始天尊的两个宝号还更尊荣无对的呢！”贾宝玉梦游太虚幻境，众仙子看见宝玉时，也称宝玉为浊物，贾宝玉自然觉得自形污秽不堪。初闻贾宝玉的女儿论，觉得不过是一些混话而已。可细读《红楼梦》才知道，“女儿是水做的骨肉，男子是泥做的骨肉”原来是曹雪芹刻意表达的一种观点。

其实《红楼梦》说女人是水做的骨肉，一句话便解释了古今女性追求美丽的答案。女人要美，一定得如水般滋润才行。许多女人一说到滋润、保养，立马就去买一大堆名牌保养品和护肤品往脸上抹，却常常起不到预想中的效果，其实这是因为，从外部保养是远远不能奏效的。如同花草树木，光是往叶子上洒洒水哪儿够呢？只有整株的根茎都经历了雨露的润泽，才能枝繁叶茂，花娇果硕，维持生命的美丽与活力。

女人应该滋阴养肾，只有这样，才能留住美丽。中医说，女人要从根本上滋阴养肾，也就是要注重涵养五脏六腑。所以，要想拥有青春、美丽、健康的身体，就必须把肾阴虚和肾阳虚挡到门外。甚至可以这样认为，滋阴养肾是女性朋友一生的重要功课。

中医建议女性朋友采用食补的方式滋阴养肾，常进食阿胶、鳖甲、当归、海参、黑豆、黑芝麻等食物能够起到很好的食补效果。阿胶有助于淋巴细胞的转化，同时通过对钙代谢的影响，改善人体内钙的均衡，阿胶的补血养血和滋阴润燥效果是不容质疑的。鳖甲能够促进人体的抗缺氧能力和抗寒能力，具有不错的减缓疲劳的功效。当归中含有正丁烯酰内酯、烟酸等多种成分，对于肾脏具有很好的保护作用。海参不仅具有补肾润燥、益气养血的功效，还具有提高记忆力、延缓衰老、预防动脉硬化、糖尿病等功效。黑豆性味甘，有活血、清热解毒、滋养健血等作用；另外，黑豆中含有丰富的微量元素，具有很好的抗衰老功效。黑芝麻能够有效改善肝肾虚弱所致的眩晕、四肢乏力等症状。

除了食补之外，保持正常的作息习惯也是滋阴养肾的重要举指。滋阴养肾不仅可以令女性减缓衰老的步伐，同时还能调节女性朋友当下已经出现的不良症状，从根本上改善女性朋友的体质，让女性朋友在拥有健康身体的同时保持美丽的容颜。医学美容界有一个定论，说美容保养，重在滋阴养肾。

启迪人生

女性只有滋阴养肾，充分调养自己，才能使青春永驻，才能有效地减龄，才能拥有属于自己的独一无二的个人魅力。

3 早睡早起身体棒，恬淡生活也很好

人的一生有三分之一的时间是在睡觉，中国古人早就认识到了这点，非常注重睡眠养生。到现今，明确提到睡眠养生的古书就数以万计，流传在民间的谚语俗语更是不计其数。

《马王堆房中书·十问·文挚与齐威王论补养之道》中说："臣为道三百编，而卧最为首。"意为臣有关养生的文章写了三百篇，却把睡眠养生放到了第一位。由此可见，睡眠养生的重要性。

《黄帝内经》中也说"夜卧早起"，即晚睡早起，当然这个晚睡指的是夜晚九点，因为古人没有电灯。因此，可以把这句话理解为"早睡早起"。《黄帝内经》第二篇《四气调神大论》中说："故阴阳四时者，万物之终始也，生死之本也。从阴阳则生，逆之则死。"这句话的意思是说，万事万物都要顺从自然界的规律，白天工作，晚上休息，顺之则生，逆之则死。

随着对健康的重视，越来越多的人开始把养生当作日常必做的功课，虽然有些人对于食补和运动都很有研究，却往往因为繁重的工作频繁加班加点，或者是因为应酬的原因，在各类饭桌和酒桌上轮转，熬夜，透支身体，忽视了睡眠是最重要的养生之道。

许多美容高手都说美容觉能够睡出美丽的容颜，这个观点似乎所有懂得美丽秘诀的女人都认同。然而什么是美容觉呢？美容觉就是指在特定的时间睡个美美的觉，保证充分的睡眠，从而达到保养肌肤的目的。把握最佳的美容觉时间，让肌肤睡个好觉，轻松睡出好肤色。不用花费昂贵的护肤品，给肌肤最充足的修复时间。其实，简单来说，美容觉就是早睡早起。然而早睡早起也不仅仅只有美容这一个好处，《黄帝内经》中所提到的十二时辰养生法就是对早睡早起最好的诠释。

《黄帝内经》中说，1—3 时是肝经运作的时间，如果此时熬夜，肝脏合成的化合物就会不足，无法给其他脏腑提供足够的气血。长此以往，容易气血不足。

每天 3—5 时是肺经运作的时间，肺经就相当于财务总监的角色。它发放给其他各经络的气血，其中一部分是用来修补各经络所辖器官的。因此，这个阶段对我们各系统的修补非常重要。若此时还在熬夜，肺经无法安心工作，就不能合理地给各经络及组织器官划拨财政拨款，“肺主气”就会大打折扣。

5—7 时是大肠经运作的时间，大肠经相当于清洁工的工作性质，它的主要作用就是排便。这三个小时里，大肠的蠕动是最快的。

7—9 时是胃经的运作时间，胃经的工作相当于原料采购员，所以，一天之中，早餐也应该是吃得最好的一餐。

9—11 时是脾经的运作时间，它的工作相当于运输工，需要把早餐获得的能量运送到该去的地方。

11—13 时是心经运作的时间，它的工作相当于厂长，主要的工作内容就是修补其他主导器官，因此，最好的办法就是午睡。

13—15 时是小肠经的运作时间，它相当于分拣员，需要提炼营养和垃圾。

15—17 时是膀胱经的工作时间，它相当于入库质检员，有着运送营养物质和垃圾的作用。

17—19 时是肾经的工作时间，它相当于现在的保管员，主要负责把运送至此的原材料一一登记造册，然后安排入库事宜。

19—21 时是心包经的运作时间，它的作用相当于锅炉工，这个时间段是“阴气正盛，阳气将尽”的时候，但此时人们开始吃晚餐，由于此时肾经下班，采购来的材料无法入库，只好通过别的经络代为保管，这样一来就会增加身体负担。

21—23 时是三焦经的运作时间，它是重要的排毒经络，它的功能相当于现在的出库质检员。此时，身体要将白天采购入库的那些原材料拿出来，送到车间去合成气血。在此之前，三焦经作为出库质检员来二次把关，把一些原来没能百分百清理掉的垃圾和毒素，以及自身生化反应制造出来的垃圾和毒素，再一次进行清理。

23—1 时是胆经的运作时间，它相当于领料员，这三个小时里，人体内的阴气达到顶峰，阳气开始生发，是以阴养阳的阶段。白天，人们通过胃经、脾经等摄入了大量的精微物质（营养元素），到了此阶段，胆经就充当领料员的角色，它把储藏的原材料运送到肝经负责的肝脏这个车间里，让肝经把原材料加工成身体所需的化合物。此时不宜熬夜。

曾国藩教育其后代之弟说：“居家以不晏起为本……，但能守以上之本，总不失为上等人家。”不晏起即不晚起床，大意为主持家务应该以早起为本，即使没有大成就，也能守家保业，也算得上上等家族。曾国藩直接把早睡早起上升到了治家准则。

清代学问家李渔就和一位术士辩论过睡眠养生的重要性，李渔说：“睡眠能养精养气，能健脾益胃，亦能健骨强筋。”后来，李渔 50 岁还能得子，69 岁高寿无疾而终，也算是对其睡眠养生的回报。

2009 年 11 月 24 日，香港 TVB 老戏骨陈鸿烈在电视剧《毕打自己人》片场突发心脏病猝死。有消息称，陈鸿烈生前底薪为2600元左右，66岁的他每周要工作69小时，外界质疑他是过劳死。

早睡早起，日出而作，日落而息，是人类在长期进化过程中顺应自然而形成的生活规律，有人称其为生物节律，也有人叫它生物钟。人起床，我睡觉，别人睡觉，我起床，每天六七点睡觉，下午三四点起床，利用夜晚凌晨时间进行熬夜，这种熬夜不是一般的熬夜，是对身体的一种透支和摧残，其实就是慢性自杀，虽然不会很快地结束生命，但会缩短人的寿命。

对于职业女性来说，早睡早起，劳逸结合，保持生活规律，对维护健康极为重要。睡眠的作用是多方面的。充足的睡眠是一种享受，能消除疲劳，恢复体力，保护大脑恢复精力，增强免疫力，康复机体，促进儿童生长发育，延缓衰老，促进长寿，保护人的心理健康。可见，睡眠的好坏直接关系着生命质量和身体健康。

不少职业女性生活不规律，该吃饭的时候不吃饭，该睡觉的时候不睡觉，工作过度紧张和长期劳累。长期无规律的生活习惯会扰乱人体“生物钟”节律，降低人体的免疫力，使发生疾病的风险增高，影响健康。因此，每个人都应该起居定时、按时作息、保证充足的睡眠，向睡眠要健康。现在很多职业女性习惯晚上工作，睡得很晚，久而久之，使身体处于亚健康状态。如果因工作需要，必须加班，那么晚上最好不要开夜车开得过晚，要合理安排时间，尽量早点睡。如果干不完，有些工作放在第二天早上早点起来做也行。这可根据个人的习惯来定。

早睡早起对身体健康确有好处，但强迫自己早睡却睡不着，也没有必要。睡眠应该尽量顺其自然，困了就睡，感觉很疲劳不想起得那么早，那就多睡会儿，自然入睡才是最好的。不妨晚上睡觉之前略微做些活动，比如散散步、洗个澡、听听音乐等，体力上疲倦一点就比较容易入睡。睡觉前用温水、热水泡泡脚，也比较容易入睡。睡觉前喝点牛奶，也可以帮助入睡。

启迪人生

女性想要养生就必须从最简单的早睡早起开始做起，从改善作息习惯开始，调整自己的生物钟，让自己拥有一个健康的身体，比任何事情都重要。

4 “梳”通三千烦扰丝，百脉顺畅好心情

中国古代的《养生论》中说：“春三月，每朝梳头一二百下。”说的是两重意思，一是梳头可以养生，二是春天这个季节适合梳头养生。

头发和皮肤一样，是人体健康的一面镜子。现代科学研究认为，人的头发大约有 10 万 ~ 15 万根，在头发的根部末梢有膨大的小球，称毛球。毛球积聚着毛母细胞，头发的产生、生长及颜色，就是由毛母细胞的活跃分裂和它分泌的色素颗粒决定的。色素颗粒越多，头发就黑；反之，头发颜色就发灰，甚至变白。一般而言，头发变灰、变白的过程，就是机体气血由盛转衰的过程。

中医认为，肾主骨生髓，通于脑，“其华在发”。肝藏血，“发为血之余”。因“头为诸阳之会”，主宰一切精神情志活动，故又有“发为脑之华”之说。头发与肾、肝、心、脾、脑等组织器官有着十分密切的关系。然而，头部的经络更是遍布人的全身，与人体内外上下和脏腑器官都有密不可分的联系，气血的调和，要靠这些经络起传导作用。气血靠经络而通达全身，发挥其生理效应，营养组织器官，抗御外邪，保卫肌体。而人的头顶有百会穴，百会穴就是因经络直接会集头部，或间接作用于头部而得名。

通过梳头，可以疏通经络气血，起到滋养和坚固头发、健脑聪耳、散风明目、防治头痛的作用。头发的乌黑、润泽、柔韧，均标志着气血充足，肾气充盛、大脑健旺、神气充足。所以，我国历代养生家都把梳头护发健脑的养生方法，看作是健康长寿的重要措施之一。

养生书《摄生消息论》指出：“夏三月，每日梳头一二百下，自然祛风明目矣。”

宋代文学家苏东坡说：“梳头百余梳，散头卧，熟寝至明。”

由此可见，历代养生家均格外重视梳头的养生保健作用。实践证明，梳头有疏通气血、散风明目、荣发固发、促进睡眠等作用。可见，梳头不仅可以修饰头发、美化容颜，还可以延年益寿。

据《毛泽东遗物的故事》记载，“毛泽东喜欢梳头”。1945年，毛泽东患了严重的神经衰弱症。在患病期间，毛泽东依然坚持工作。不过，他每天的梳头次数大大地增加了。他常用的梳子就摆在办公桌上，伸手可及。卫士们十分体谅他的痛楚，每当他停下工作小憩时，便马上拿起梳子为他梳梳头。新中国成立后，毛泽东喜欢梳头的习惯一直未改。刚进北京城时，组织上决定给每位首长添置几套新衣服。工作人员趁此机会也为毛泽东采购了一些必需的日用品，其中就包括好几把梳子、篦子。此后二十多年里，毛泽东每逢工作后小憩时，总是叫工作人员为他梳头。

毛泽东曾跟李银桥说，“银桥，补脑有很多种法子呢。睡上一觉可以补脑，吃红烧肉可以补脑，你每天给我多梳几次头也是补脑噢！”在李银桥为他梳头的时候，他告诉李银桥：“银桥啊，梳头确实很舒服呢。经常梳头可以促进大脑血液循环，能把有限的营养首先满足大脑的需要。你给我梳一次头，就等于让我吃了一次红烧肉呢！”

古代养生家主张“发宜多梳”。早在隋朝，名医巢元方就明确指出，梳头有通畅血脉、祛风散湿、使头发不白的作用。医书《诸病源候论》中说：“千过梳头，头不白。”养生保健书《清异录》也说：“服饵导引之余，有二事乃养生大要：梳头、洗脚是也。”

一代伟人毛主席梳头养生的方法被社会各界人士广为称赞，他说梳头相当于补脑，把梳头当作催眠。大文学家苏东坡和南怀瑾，都认同梳头安眠和补脑的效果，认同梳头养生的功效。

大多数的女性都爱留长发，一头乌黑柔顺的长发总是能吸引不少人的目光。俗话说，女为悦己者容。所谓容，即打扮、装饰。可以说人普遍都是视觉系动物，而男人相对更甚。漂亮的长发往往改变女人的命运。

西汉的卫子夫，原来不过是平阳公主家的一个女奴，帮汉武帝侍衣得幸，一头青丝更是让汉武帝神不守舍。《史记》上是这样说的：“上见其鬓发，悦之，因立为后。”你看，不过是因为喜欢她的头发就立她为皇后了。她成了皇后，弟弟卫青也跟着飞黄腾达，率领大军西击匈奴，名垂青史。

立国四川的成汉皇帝李势有个妹妹，我们不知她的名字，头发惊人地美丽，晋大司马桓温灭成汉时，抢她来为妾。桓温的妻子南康长公主是晋明帝的女儿，妒火中烧，带了几十号人手拔刀袭击。李氏正在梳头，长发洒落，散了一地，风姿楚楚凄美动人。她慢慢扎起头发，敛手从容道：“国破家亡，无心至此。若能见杀，犹生之年。”长公主把刀扔了，上前抱住她说：“我见犹怜，何况老奴。”居然敌为友。可见美人风致，长发风情，何等威力！

一头长发，飘逸，婉约，闪着柔软细腻的亮泽，这是让人何等动心的一幕！自古至今，多少诗人由此兴发，得了多少佳句。

闺房的闲愁里，离人的思念中，绿云长，翡翠低，云鬓总是掩映着花颜。“小山重叠金明灭，鬓云欲度香腮雪”，“绿鬓云垂，旖旎腰肢细”，“香雾云鬓湿，清辉玉臂寒”，“风住尘香花已尽，日晚倦梳头”——青丝携香，有声有色，从中自可窥见女性长发之魅力。

一个女人即便并非天生丽质，但如果有一头美丽而飘逸的长发，素面朝天也会忽然间高雅、恬淡起来。文艺性的电影、电视或广告，女主角不一定非常美，但总有那么一个瞬间，美到极致。拉小提琴时，那扬起的乌黑长发；在阳光里奔跑，那带着阳光色彩的俏皮卷发，这样的场景，美得让人心碎。由此可见，头发对女人气质的重要性是不容置疑的。

现在许多职业女性都喜欢去美发店烫染头发，殊不知，在变美的同时，头皮也受到了很大的伤害，头上的经络也受到了不同程度的损伤。其实这正是许多人在烫染之后头发越来越干枯，脱发的情况也日益严重的真正原因所在。

那么，女人应该如何养护自己的三千烦恼丝呢？除了尽量避免烫染头发之外，梳头无疑成了最佳的选择。梳头是无数中医专家所推崇的最为简便的养生方法，这是因为，梳头不仅能疏通血脉，有助于脑部血液循环，具有增强记忆力、散风、预防感冒、减轻头痛、明目、健脑提神、缓解精神紧张、促进睡眠、消除疲劳等作用，梳头还能增强中枢神经系统的平衡协调功能，有助于降低高血压、预防脑血管疾病、预防老年痴呆症的发生。另外，梳头还能使头发获得充分的营养，防止脱发和早生华发，不但有美发作用，还有延年益寿的作用。

启迪人生

古语有云，千过梳头，头不白。养生有两大要事，梳头洗脚是也。女性能够养成勤梳头的好习惯，是养生的第一步，也是让自己变美的第一步。

5 一直忙碌好辛苦，闭目养神充充电

头是“元神之府”，目乃“合灵之窗 ”。自古医学家都主张“养生贵在养神”，认为闭目养神是一种简便易行而又收效明显的养神修性的方法。

道家认为，在日常诸事纷扰、头昏脑涨时，找一处清静之地，正襟危坐，双目闭合，眼睑下沉，调匀呼吸，意守丹田。良久则头脑清醒，心平气和，心静如水，烦恼渐渐消失，进入静谧祥和状态，机体阴阳气血通达顺畅，心理平衡，情绪愉悦，头脑清晰，浑身轻松。

《黄帝内经》曰：“得神者昌，失神者亡。”

中医学认为，“神”是人体生命活动和精神活动的总称，对身心健康关系重大，而闭目养神就是要养住五脏六腑之精气。由此可见，神的充足与否，关系到人体的健康与衰弱；神的得失，又关系到人的昌亡。所以说，养“神”对心身健康关系重大。而“目”为人之灵窍，是传神的灵机，人体五脏六腑之精气皆上注于目。故闭目养神对于每个人来说是大有裨益的，如能持之以恒，定有强身健体、颐养天年的作用。

有科学家曾经提到过，人有三种思维方式。第一种为睁眼思维方式；第二种为梦境思维方式；第三种即是闭目思维方式。科学家认为，闭目思维是一种临界思维现象，即卧而不寐，闭目臆想联翩。在这种思维状态下，大脑排除了外界的干扰，又处于充血、充氧状态。如此，可促使大脑细胞的潜能最大限度地发挥作用，以提高思维的深度和广度。

被誉为“超人”的李嘉诚不但生意做得风生水起，其健康状态也让人称羡不已：每每在公开场合露面，李嘉诚总是神采奕奕，思维敏捷，让人难以想象这是一位年逾八旬的老者。李嘉诚对自己的健康状况也曾自信地表示，随便在街上挑出十个人进行体检，自己的各项指标都会是其中的“优等生”——“我是该低的低（胆固醇等）、该高的高（有益的微量元素等）”，连他的儿子李泽钜也表示，父亲的胆固醇比自己的还低。那么，李嘉诚保持健康的养生秘诀又是什么呢？李嘉诚对“健康”有的独到见解：“人的健康如堤坝保养，当最初发觉有渗漏时，只需很少力量便可堵塞漏洞；但倘若不加理会，至崩堤时才进行补救，纵使花费更多人力物力，亦未必能够挽回。”

据他本人透露，他总是保持规律的生活，不沾烟酒，早上六点起床，锻炼一个半小时，包括打高尔夫球、游泳及跑步，且从不间断。在饮食上，李嘉诚最喜欢白米饭和素淡的青菜，很少吃肉的他，就算吃鱼，也吃香港卖得最便宜的小鱼仔。

除了规律的生活，李嘉诚还有一个养生绝招，那就是闭目养神，净化心灵。李嘉诚每天至少进行三次闭目养神，认为可以很好地提神醒脑。

人脑近一半信息来自视觉。因而，只要闭上双目，就几乎阻断了来自视觉信息对大脑思维活动的干扰刺激，这正是人们闭目养神一二十分钟后，顿觉精神焕发的道理所在。所以，李嘉诚越是繁忙，越是常用闭目养神、提神醒脑的“绝招”。这种“静养”与每天早上的“动养”相结合，铸就了八旬李嘉诚养生健康的秘诀。

葛优称得上是当今中国最优秀的男演员之一，曾荣获第47届戛纳国际电影节最佳男主角，是首位获此殊荣的华人演员。据悉，葛优平时在剧组，没事总是拿把躺椅，找个清静的地方躺着闭目养神。葛优曾经在拍摄《让子弹飞》的时候向姜文和周润发推荐闭目养神的养生方法，他说，演员这个职业耗费精神，就要学会随时随地储存能量，闭目养神是简单有效的养生方法。

排除杂念、思想专一、闭目休息是调养精神的一种简便易行又收效明显的保健养生方法。不同于带有很强意念性的冥想，闭目养神要求排除一切外界干扰，放松心情，使大脑处于静止状态，无所思念，无所顾虑。葛优就是闭目养神的受益者，这让他在繁忙的片场始终保持着活力，正如他说的，这是储存能量的养生方式。

然而，除了调养精神之外，闭目养神对女人有什么好处呢？

其实，许多人都不知道，闭目养神还具有护肝、消食和降气的作用。中医学认为，女性朋友吃完饭后闭目休息 10～30 分钟，再去睡午觉、散步或是做别的事情，不仅能够消食，还能够对肝脏起到保护的作用。这是因为，人们吃完饭，尤其是午饭后，体内的血液集中到消化道内参与食物消化，如果再行走、运动，血液就会有一部分流向手足，此时，流入肝脏的血流量就要减少到 50% 以上。如果肝脏处在供血量不足的情况下，正常的新陈代谢就会受到影响，从而导致对肝脏的损害。

常言道："眼不见，心不烦。"意思是说闭上眼睛不但可以养目，而且可以静心。这话是很有道理的。女性朋友在工作和生活中难免会遇到一些不顺心的事，如果在暴躁难捺之时，能够理智地控制情绪，离开是非之地，闭目思量，便能够感觉到胸膛闷塞顿开，肝火胃气下降，躁怒平息，心情和缓。

职业女性不妨试试，在闲暇之余闭目听一些自己喜爱的音乐，优美的旋律不仅可增进大脑活动，调节中枢神经系统的功能，还能使人产生心旷神怡的感觉，这对健康十分有益。

启迪人生

心静则神安，神安则灾病不生，福气永存。遇到繁杂吵闹的场合或自己不愿看的场面，又不便避开之时，不妨闭目静养，既能洗目清心，闹中取静，消除烦忧，又能偷空养生，何乐而不为。

6 千万别忽略那一“膝”之地

人体的老化是一个缓慢的循序渐进的过程。骨骼、肌肉和皮肤的老化较早，而心脑等重要的脏器老化较迟，在运动器官中，腿的工作负担最大，它是人体的重要支柱，不仅支撑全身的重量，还需完成行走、跑、跳等功能。因此，当腿老的时候，就会出现肌肉松弛、收缩无力及神经调节机能下降，就会给它繁重的工作带来困难。下肢沉重和关节僵硬等症状，会让连接腿部的膝盖难以支持长时间的站立，常常需要借助拐杖。

人在衰老的时候，腿部的变化显而易见，所以说人老腿先老。同时，由于人在衰老了之后腿脚不灵便，活动减少，久而久之，又进一步加速了腿的衰老。因此，防老先要防腿老，防腿老更要先保护膝盖。

南怀瑾先生经常要打坐，他打坐的时候，往往会拿个毛毯或者被子把膝盖盖住。为什么要这样做呢？南怀瑾先生认为，人的身体一直是受到气候影响的，在打坐的时候人的身体也会受到外部温度等因素的影响，风寒湿气就很容易从膝盖、后脑勺等部位进入人的身体，进而破坏人的健康，所以打坐时要用毛毯盖上膝盖。

25岁的高晴在一家房地产公司做销售。因工作需要，她每天都要打扮得光鲜亮丽，最爱的穿着就是职业裙装、打底袜、高跟鞋，“出门都穿着厚厚的棉衣，就不觉得冷了。”高晴以为只要上衣穿得暖，就不会受冻。她的棉衣长度刚到大腿，膝盖和小腿都暴露在棉衣外。最近，她感到小腿酸疼、膝盖时常刺痛，小腿肌肉还有点肿胀。

许多爱美的女士都像高晴一样，却不知道，小腿不舒服和膝盖刺痛的症状属于风寒性关节病，如果她再不注意保暖，病情将更为严重，疼痛感变强，治疗难度增加，也会为自己未来的健康埋下隐患。

最近几年，像高晴一样关节疼痛的患者有增多的趋势，而且，年轻患者越来越多，最大的原因就是不爱护自己。就诊的患者中，年龄在十七八岁的不在少数。如果女性朋友为了美，坚持穿裙子的话，也应穿厚重的毛呢或粗呢做成的裙子，长度以到小腿肚甚至脚踝为宜，不能只穿保暖功能相对差的连裤袜，还可戴上护膝，这样做也是为防止膝关节受寒。要尽量避免在早晚气温较低时露天长时间行走，这也是保护膝盖的一种方式和方法。

小布什总统的长跑运动生涯已经有30多年了，多年来，即使工作再忙，他也会坚持早起，到空气新鲜的户外跑上几公里。然而，在运动的时候，膝盖难免会有不同程度的损伤，也发生过膝盖韧带撕裂的情况。为了保护自己的膝盖，小布什总统每次都会给膝盖戴上护膝。

运动也是人们日常养生的一种方法，但是在运动时往往容易受伤，膝盖就是最为脆弱的存在，小布什给膝盖戴护膝就是对膝盖的一种保护。

除了运动使膝盖受伤之外，在美国，每年有一千万女性因为膝盖疼痛就医，而她们受伤的原因往往是搬运东西、爬楼梯、长时间蹲着等，据统计，每年全美有五百五十万女性因为头痛就医。可见，膝盖伤痛已经成为比头痛更常见的女性健康问题。

我们往往认为，只有职业运动员才会遭遇膝盖韧带撕裂这样的情况，但一份来自美国密歇根大学的研究报告说，女性在运动中膝盖受伤的比例是男性的4倍，即使是一些简单的跳跃、转体、扭动等动作，也可能造成女性膝盖韧带撕裂。

是什么让女性的膝盖如此脆弱？密歇根大学的研究者认为，女性膝盖受伤的根本原因不仅仅是缺钙，还与女性腿部结构有关。大腿骨连接着臀部和膝盖，在大腿承受压力时，会把压力分散给臀部和膝盖，而一旦腿部肌肉无法取得力量上的平衡，伤害就造成了。女性在运动中使用大腿前部四头肌的频率远远多过使用腿后侧的腿筋，这样的运动倾向容易造成腿前后两组肌肉在力量上的不平衡。我们当然无法改变腿的结构，但有一些简单易行的方法，不仅可以使膝盖少受伤害，还能减轻已经出现的膝盖伤痛症状。

白领小蔡在天气逐渐转暖之后，总觉得自己的膝盖越来越娇气，有时候感到酸酸的，有时候还会感到刺骨的疼痛。周末想爬香山换换心情，但爬完香山之后，竟然连续半个星期抬不起腿来。她把膝关节疼痛或者损伤怪罪于爬山。她去医院看病的时候，医生告诉她，冰冻三尺非一日之寒，她的膝盖问题也是长期受凉造成的。常常有爱美的女士在中年以后患上骨关节疾病，其实，这都是由于青年时不注意造成的。

医生说，现在很多女性喜欢在寒冷的天气里或者夏天在空调开得很凉的房间里穿超短裙，结果造成膝关节的血液循环不畅，为各种膝关节疾病埋下祸根。有的女性喜欢一年四季穿着高跟鞋，足底总处于前倾状态，膝关节一天到晚处于强伸状态，加快了韧带老化。韧带对固定膝关节起到非常关键的保护作用，提早老化等于让膝关节提前退休。

很多女性都像小蔡一样，对膝关节的保护意识远不及汽车、房子等身外之物。其实，培养健康的习惯就是对膝关节最大的爱护。喜欢穿高跟鞋的女性一天至少要换三次鞋，可以再准备一双平底鞋，在上下班途中穿着，或者在工作中足部感到很疲劳的时候换上。

启迪人生

在天气寒冷的时候要对膝盖进行保暖，积极进行体育锻炼，像散步、慢跑、以步代车、瑜伽等运动对保护膝盖都是非常有益的，只要持之以恒，就能够延缓膝盖的老化，保护好自己的一“膝”之地。

7 穴位揉揉按，赘肉轻松散

熟知历史的人都知道，唐朝时期的杨玉环因为自己丰腴的身材，被皇上恩宠一生，但是西汉时期，美女赵飞燕却是因为身材轻巧而被皇帝厚爱，并且三个姐姐也因此享尽了荣华富贵。历史上的审美观念总是在不断变化，发展演变到今天，这个时代仍旧是瘦即是美！

我国历史上除了唐朝女子以丰腴为美之外，其他任何朝代女子都以纤瘦为美，我们老祖宗也很会审美，尽数历史，中国传统意义上美丽的女性大都是瘦美女，尤其是带着病态的那种美丽，更容易给人一种非常柔弱、楚楚可怜的感觉。据心理学家分析，拥有纤瘦身材的女性会更容易激发起男性的一种保护欲望，比如说我们熟知的四大美女之一——春秋时期越国美女西施，她就是我见犹怜型的绝世美女。据说，这个大美女在心痛时捧心皱眉的那种感觉深受皇帝的喜欢，姿态非常迷人。而曹雪芹笔下的林黛玉，也是有关病态美的一个非常靠谱的代言人。因此，瘦即是美不是这个时代的专利，而是历史遗留下来的一种审美标准。

如今不仅仅是杂志、电视等各类传媒通过不断展示“排骨美人”“太平公主”来诱导人们产生“瘦即是美，越瘦越美”的观念，服装厂家也在大力推波助澜。衣服的型号越做越小，这就从外界环境给胖的女性形成一种压力：你胖，我让你连衣服都买不到！这下，你总要减肥了吧？于是，爱美的女性们不得不屈服了。她们在美食与窈窕之间苦苦挣扎，她们发誓：终其一生，与肚皮作战！

冲在减肥阵线最前沿的自然是女明星们，她们是时尚的代言人，也是众多平凡女子们心中的减肥偶像。你看，郑秀文纤瘦的风情红透了半边天；你看，李玟的天使脸蛋魔鬼身材迷倒了无数的男子；你看，你看……是的，这些是你看到的。可是，你看不到的是郑秀文虚弱到连上台领奖都需要保姆的搀扶；你看不到的是李玟卸下妆后灰暗的面孔和毫无血色的双唇。

或许，很多女性朋友们都已经有了减肥的欲望，其实，要说起如何减肥，古代美女也有着自己的方法，像是塑形的百扣衣和杨贵妃的桃花沐浴减肥法，据说桃花能够滋补养颜，用桃花洗澡和沐浴能够让人的腰肢变细。而其中流传最广泛的减肥方法就是针灸推拿减肥，要说起针灸推拿，其实就是刺激人体的穴位，让女子慢慢瘦下去。据说，古代许多宫廷里的女子为了得到皇帝的宠爱，几乎每天都会用尽各种方法刺激自己身体的减肥穴位，让自己变得更瘦。

其实，从古至今，不运动不节食减肥最好的方法就是中医穴位按摩。只要你找对正确的按摩穴位，配上正确的按摩方法，就能轻松燃烧脂肪，令女性朋友们拥有纤瘦的身材。接下来我们就来看下哪些穴位可以帮助减肥。

地仓穴——抑制食欲、预防嘴角线条下垂

地仓穴位于嘴角旁约0.5cm处。地仓穴的功能是降低胃温、抑制食欲。它能阻止大脑继续发出“贪食指令”，让你不再贪吃。另外，双手中指指腹轻轻按压地仓穴，按压5秒后放开，还能有效预防嘴角线条下垂。

百会穴——预防过量饮食、便秘、调节内分泌

左右两耳洞向上升，在头部连结后的那条线的顶点，即是百会穴，它可以起到安定精神、预防饮食过量的作用。

承浆穴——消除胸颈浮肿

下唇与下颚的正中间凹陷处即是承浆穴，它能控制荷尔蒙的分泌，保持肌肤的张力，预防脸部松弛。承浆穴为足阳明任脉之会，长期按压此穴能控制荷尔蒙的分泌，消除胸部以上身体部位的积水，保持肌肤应有的张力。前不久刚刚嫁为人妇的“绝望主妇”伊娃·朗格丽亚，在接受采访时回忆她在念书时总喜欢用铅笔顶住唇下的凹陷处听课，对照承浆穴的中医理论功效，很可能这位小脸美人的瘦脸秘诀便在于此！

天突穴——促进水分排除、打造瓜子脸、清咽亮嗓

天突穴位于喉斜下方肌肤的内侧。它能刺激甲状腺，促进新陈代谢，去除脸部多余的水分。如果你天生一张“娃娃脸”，建议你用手掌或手指反复按压锁骨凹陷处，即天突穴，这样能刺激淋巴循环速度，有效加快面部肌肉的运动速度，让胖胖的“娃娃脸”不知不觉瘦下来！不少女歌手还在天突穴上贴特制磁盘，以微弱电流刺激此穴。

胃点穴——加快肠胃新陈代谢

如果一次吃得太多热量不小心超标，不要紧，先喝一大杯白开水，使体内不饱和脂肪酸在最短时间内代谢出体外，再反复敲打位于右耳耳廓中央的胃点穴，它能使肠胃新陈代谢速度大大加快，迅速减少脸部脂肪堆积。一般来说，有效地敲打时间是15分钟，如果你缺乏耐心，可以分成3组做。另有研究发现，人体在晚上应激能力最强，晚上睡觉前反复按压胃点穴，还可避免脸部及眼睛产生水肿，让你早上醒来后精神焕发！

饥点——抑制饥饿

当肠胃向控制食欲的下丘脑发出“我饿了”的信号时，人就会有进食的欲望，而按压相应穴位就能起到阻止信号传递的作用，而饥点的最主要功能就是能够让人不觉得饿。按压方法：用食指压右耳的饥点一分钟，然后再换左耳做同样动作。

有人说，这是一个全民减肥的时代。在这个时代中身为一个胖人，尤其是一个胖女人，真的是一种不幸。即使夜夜“梦回唐朝”，白日里却还是不得不面对现实中的压力。是的，我们要减肥，但减肥不仅仅是为了迎合别人的眼光或所谓的潮流，更主要的是为了变得更美丽、更健康、更快乐。

除了按摩穴位，还有一些简易的减肥方法，职场女性也是可以试试的。

（1）饭后减肥法。

众所周知，最有效的减肥方法还是有氧运动。如果实在做不到，最低限度就是不让饭后的血糖浓度升高。有人说，减肥的关键就在饭后30分钟。那么，这30分钟该做些什么才能有效减肥呢？

做家务。家务一定要做，为什么不让它为你的减肥贡献一份力量呢？用拖布或小抹布擦地时，蹲下来擦，这样可以加大你混脂肪的速度。如果家里有庭院，不妨去给花花草草翻翻土。另外，给房间进行一次整理，夫妻二人可一起动手进行，一方面促进感情，另一方面又有利于减肥。这个方法可谓一举数得，整洁的环境也可以带给人一个好心情。

洗澡。饭后10分左右舒舒服服地洗上一个热水澡，这不仅能缓解一天的劳累，对减肥也有奇效。如果你洗完后把浴室打扫干净，减肥的效果就会更好了。

按摩。饭后30分钟，夫妻可以相互按摩，使身体得以舒展，这不仅能起到减肥的作用，对于促进感情也是一项不错的选择。

（2）禁食减肥法。

这里的禁食可不是不让你吃饭，而是控制你的食欲，让你更健康地达到瘦身的目的。

少喝或不喝含糖的饮料。含糖的饮料热量多，想瘦身的女性还是远离为妙。

不要因为你的爱心而吃两顿晚餐。有些女性常因为丈夫晚归，而和丈夫再吃一次晚餐，这样会摄取过多的热量，促使血糖浓度上升。你可以倒上一杯白开水，默默地陪着丈夫吃饭，效果也是一样的，他还会为此感动呢。

少吃甜食。甜食易使人发胖，这是人人都知道的。不过，也不要求你立刻禁食甜品，可以循序渐进地从三天吃一次到一个星期吃一次，在自己可以接受的范围内逐渐减少。

（3）饮食健美法。

减肥一直是很多女性朋友追求的目标，但是随着人们对健康认识的不断加深，骨瘦如柴的“骨感美”不再是人们追求的目标，而“健康美”成了减肥的最终目的。下面介绍的几种健康饮食，可以让你轻轻松松达到健美的效果。

白开水。有人说：“女人是水做的。”不错，水是女性最好的知己了，早上起床喝一杯白开水，可以清洁肠道、排毒养颜，并且可以补充夜间失去的水分；晚上喝一杯白开水，则能保证一夜当中血液不致于因缺水而过于黏稠，防止提前衰老。

矿泉水。矿泉水中含有微量元素和矿物质，这些都是皮肤最需要的物质，所以通过矿泉水适当补充一些矿物质是很有必要的。这里教大家一种平日里不常用，却又很简单的方法：清洗脸部后仰卧，将一块干净的纱布用矿泉水浸湿，敷在脸上，待纱布变干后再次浸湿，再敷在脸上，如此反复几次，就等于给面部做了一次微量元素的营养补充。

喝茶。喝茶不仅是一种休闲方式，还对女性减肥非常有好处。茶是最天然、最有效的减肥剂。如果胃没有问题，常喝绿茶和乌龙茶最好，特别是对于那些想减肥的女性，再没有什么比茶叶更能消除肠道脂肪的了。

维生素。女性过了25岁，就应该注意延缓衰老。维生素是必须补充的，它以可以中和侵袭人体皮肤组织的自由基，对皮肤起到保护作用。

醋。醋可以消毒杀菌，每日三餐中食用一点醋可以延缓血管硬化。除了饮食外，醋还有一个妙用，就是每次洗手加一点可使你的皮肤又细又白。试试看吧，一定会让你满意的。

酸奶。很多女性都知道酸奶的重要性了，这里再强调一下，女性是最容易缺钙的一个群体，而酸奶的补钙效果是最显著的，并且容易被人体吸收。

西红柿。西红柿是含有维生素最多的食物之一，每天至少吃一个西红柿可以满足人体一天所需维生素。

（4）简易运动减肥法。

肥胖不仅会影响美观，还是很多慢性病的“元凶”，所以女性朋友们要想拥有令人羡慕的身姿、远离慢性病，就要坚持锻炼，保持身体健康。只要你坚持去做就会发现，让赘肉悄悄地消失并不像想象中那么难。

跳绳。天气寒冷的时候，女性最佳的运动莫过于跳绳了。科学研究表明，不间断地跳绳10分钟和慢跑30分钟消耗的热量差不多，是一种低耗时、高耗能的有氧运动，长期坚持可以令双腿变得健美。

下蹲。其实，修正体形的方式无处不在，比如，下蹲这个普通的动作就能明显改善梨形身材，而且随时随地都可以进行。另外，针对不同的瘦腿部位可以采取基本的站立或脚尖略微向内站立、向外站立的姿势，对缩紧腿部外侧肌肉、内侧肌肉有显著效果！

腰部运动。许多女士都想令自己的腰部纤细，你可选择在睡前仰卧，两腿弯曲，两臂放在体侧，头和上身慢慢向上抬起，停留1分钟左右头再落下，反复进行直到肌肉感到酸沉为止。持之以恒就可使腰部、颈部线条变得优美。

减肥首先就要从改变不良饮食生活习惯入手。最重要的一条即减少饮食总热量。一般人不会也不必去计算每餐热量，但可掌握吃到七八分饱即可，切勿因亲友劝食或怕剩菜“浪费”而一再进食。长期观察可以以体重及腰围是减少还是增加为标准。下述四种饮食减肥法是错误的，应当避免。

（1）拒绝摄入脂肪。

在很多年轻女性的眼里，脂肪是保持良好体形的最大敌人，还是各种疾病的隐患。因此，她们断然拒绝摄入脂肪，认为这样既能保持良好体形，又能维持身体健康。这种认识和做法是片面的。正确的做法是：脂肪应限制在总热量的30%以下，因为脂肪产生热量是碳水化合物的1倍以上。但脂肪的功能不能一概否定。不饱和脂肪不能少，当然也不能太多；但饱和脂肪，包括反式脂肪，不能多，因为它会促使动脉硬化，产生心脑血管病，应限制在总热量的70%以下。

怎样区分呢？饱和脂肪在常温下呈固体，不饱和脂肪则呈液体。如猪油、牛油、奶油即属饱和脂肪。而鱼油、植物油则属不饱和脂肪。所以，在荤菜的选择上，可多选鱼虾，少选猪牛羊肉。当然不是说要禁吃牛羊肉和猪肉，适当吃一点牛羊肉、猪瘦肉还是可以的。要少吃肥肉，少吃荤油，更要避免吃近年新出现的人造的反式脂肪。西式酥糕点、脆饼、炸鸡腿、方便面、人造奶油等不少洋快餐中含有反式脂肪。食品工业将液体的不饱和脂肪如植物油部分氢化，成为固体，即人造奶油，又称麦淇淋，将其作为起酥剂。当时以为既然是不饱和脂肪，应该无害。但后来却发现，它也会造成动脉粥样硬化，甚至会引起腹部肥胖及胰岛素抵抗。

（2）持续吃水果餐。

有些人认为午餐或晚餐只吃蔬菜和水果，热量低又有营养，是减肥期间最好的食谱。这种认识和做法是错误的。蔬菜和水果是膳食纤维、维生素、果糖、果胶等营养物质的重要来源，当然是人体不可缺少的。但只吃蔬菜水果，肯定会造成营养缺乏。因此，水果只能作为正常膳食的补充，提倡多吃，但不能作为唯一的食物。

（3）长期不吃早餐。

有些女性，尤其是职业女性，有不吃早餐的习惯，以为这样既省事又减肥。有研究指出，不吃早餐并不能达到减肥的目的，因为从晚上到中午身体长时间处于饥饿状态，午饭和晚饭时对热量的摄入能力就会有所提高。不吃早餐的人往往多吃零食，其结果反而比吃早餐的人还要胖。

（4）告别薯类食物。

经过高温油炸的薯片、薯条，是导致热量过剩、引发肥胖的不良食物，这让一些人误以为薯类食物都是减肥的大敌。其实，油炸的薯片、薯条引发肥胖主要是因为加工时用的油，而且这些油炸薯片往往属于零食，非正餐。而马铃薯、红薯本身不仅口感好，还是能产生饱腹感的低热量食物，且营养价值超过米和面，热量与米相等，钙含量是糙米的5倍，铁含量是白米的3倍，蛋白质、维生素C的含量也很丰富。所以放弃油炸加工方式，而采取煮、蒸、炖等烹调方法，薯类就是美味与营养兼得的减肥食品。

启迪人生

减肥是件很快乐的事，并没有想象中的那么恐怖，掌握正确的方法控制体重，就能让自己拥有一个健康的身体和愉悦的心情，这是每位女性都应该学会的事情。

8 养生的根本是养心

人生不如意事常十之八九，忧思、焦虑、愤怒、大喜、悲伤，就会生出许多疾病、折磨、痛苦。情志一伤，百病全来，尤其是抑郁症，越来越年轻化，大学生、博士生、中学生都有。要想无病、无灾、无苦，需自我调适，这即是“养心”。

中国古代养生学中，特别注意养心。

儒家在《书经》中说：“必有容，德乃大；必有忍，乃济。”心为君主之官，统帅人之精神、情志、意识。心不可伤，心伤则人五脏六腑皆受影响而致病、致死，儒、道、佛、中医均认为养生重在养心。

《素问·病机气宜保命集》中说：“神太用则劳，其藏在心，静以养之。”所谓“静则藏神”“静以养之”，是指神静，而不妄思，也要防止用神太过。

《黄帝内经》中说：“静则神藏，躁则神亡。”这里说的是静则生阴，只有阴阳协调，才能保养心脏。

静是一种心态，如老子说：“致虚极，守静笃。”是指不为名利所困扰的自然静，有助于神气内守。反之，神气的过用、躁动，为名利所诱惑，往往容易耗伤人的元气。因此，心静则神清，心定则神凝，心虚则神浮，心安则神全，有利于身体的健康。

郑成功有一句养心的名言警句，“养心莫善于寡欲”。这句话的意思是，通过减少不健康的欲望，可以达到涵养心灵的作用。如果把我们的心比作一株植物的话，那么也可以说，清除贪心和私欲，保持净心，发展自己性格中善良的一面，就好比是在给自己的心浇水、施肥，保证心的健全生长。

针对人心的难以驾驭和控制，孟子提出了养心的观点。所谓养心，我的理解是，人的习惯是多年养成的，不可能一下子戒除所有毛病，需要日积月累地调整，逐渐把多年养成的坏习惯消除。因此，人心本身也需要养，我们要学会把自己的心当作一棵树和一株盆景来养育。

孟子还强调，“养心”一定要专心致志，持之以恒，不能“一曝十寒”。“专心致志”和“一曝十寒”这两个今天无人不晓的成语，就是孟子针对养心专门发明出来的。在很多时候，养心强调培养健全的心灵需要时间和耐性，不可能一蹴而就。养心并不是一日之功，是需要细心去体会的。对于孟子的观点，古代的许多帝王都是非常认同的，中国的故宫里就有一个“养心殿”，这是帝王养心的地方。由此可见，孟子的养心思想在中国古代文化中影响很大。

如何养心才最有效呢？清末张之洞的养心名联这样写到，“无求便是安心法”。这是养心的最高境界，欲望越高的人，越容易自寻烦恼，而奢望越大则更易挫折不断。清心才能寡欲，寡欲才能养心。养心能够令人保持一种淡泊的心态，能够使人保持一颗平常心，能够让人不为功名利禄所缚，不为得失荣辱所累。遇事想得开、看得透，只有这样，才不会对世事、他人牢骚满腹、一筹莫展。人的念头、烦恼无时无刻不在，就是睡着了还做梦呢，喜怒忧思仍然与白天一样在活动，俗话说日有所思，夜有所梦，没有不做梦的人，只有“至人与痴人”无梦。

养心就是要静下来，让自己的心变得无忧无虑，要知道，无忧就可长寿。《清静经》里说：“人能长清静，天地悉皆归。”

人生在世有许许多多的烦恼，很多人总是担心烦恼来临，担心不如意的事来了怎么办，有些人因为想不开而思虑成疾。人要养心，就需要先静心、清心，只有这样，才能够将心里的烦恼放下，才能做到养心。

徐静蕾曾经因为工作的原因导致身体变差，很长一段时间里，她的脸色都非常苍白。在接受了长达一年的中医调理之后，她的身体才逐渐恢复健康。之后，徐静蕾曾经在接受媒体采访时说道，心情、气候、营养都是影响皮肤好坏的重要因素，养心是她最常用的方法。她每天都会在一个环境清静通风良好的房间，静坐三十分钟，用来养心和驻颜。

其实，像徐静蕾这样看似简单的静坐，就是养心、养生的一种方法，它不仅可以平复烦躁的情绪，使我们能够更好地掌控自己的行为，还能够有效润泽肌肤，是一种行之有效的驻颜方法。

《太玄经》中说："喜怒伤性，哀乐伤神，伤性则害生，伤神则侵命。故养性以全气，保神以安心，气完则体平，心安则神逸，此全生要诀也。"

这说明喜怒伤性，哀乐伤神。伤性就会危害身体，伤神就会影响生命，所以养性以保气，保神以安心。养心能使身体平安，能使人的精神安逸，这是保证生命长久的重要因素。养心能够控制思虑，保持平静，使人明白事理。当人的内心平静，气息就会和顺，身体自然健康，方能得到长寿。所以说，心平则神安，心平气和有利于延年益寿。

当外部环境和内心世界都能宁静自如时才能养心，心静神自安。静可以制怒，静可以除烦，静可以使意定神安。如果一个人终日心烦气躁、顾虑重重、异想天开、想入非非，总觉得自己高人一等，一旦达不到个人的欲望，就会终日心神不定、烦躁不安、焦虑失眠、精神衰弱，则高血压、冠心病等慢性疾病将随之而来，严重影响身体健康。

就像张爱玲曾经说过的，用心的女人最美丽，假如一个女人不会养心，就如同一个愚昧的园丁，只想着如何枝繁叶茂，却不懂浇灌和滋养植物的根部，这对女人带来的伤害将是致命的。

现代的女人们喜欢美容，各种昂贵的或者廉价的化妆品不停地往脸上涂抹，试图保留易逝的容颜。最终的结果呢，美丽的女人仍然美丽，不美的女人更加不美。为什么会这样呢？因为一个人的美丽是来自内心的，无论男人还是女人都是一样。从各种杂志刊物所报道的美丽女人的生活习惯来看，美丽的女人大都讲究饮食、穿着、舒适的睡眠、美丽的生活环境，她们总是在美丽的环境和心态下生活，那么她们即使不爱读书，没有受到教育，她们仍然会美丽，因为这种生活心态会从内心折射出美丽。即使在农村山野仍然会有很多美丽的女人，生活艰辛依然不能磨去她们的美丽，这样的女人大都有好的心态，生活再艰辛，她们也会把生活搞得很幸福，无论什么简单的食物，她们都会做得很精致，无论多么简陋的住房，她们都能收拾得很干净，无论多么廉价的衣服，她们都能穿出一种风情，这是一种美丽的心态，不需涂脂抹粉依然美丽的心态。

现代人生活得比较浮躁，容颜容易苍老，心态总是在一种浮躁的状态下，火气很大，今天担心工资，明天担心住房，后天担心股票，每天都有担心不完的事。这样的心态，无论脸上涂抹什么化妆品，无法挡住容颜的苍老。

所以，养颜的关键还在养心。细心观察周围的人，我们很容易发现哪些人心态好，哪些人性格浮躁，哪些人比较善良，哪些人比较凶恶，哪些人有着良好的修养，哪些人缺乏教养。每个人的外表都在反映他们内心的状态。我们都知道有些人看着高贵，那么他们的生活环境必然是那种高贵的家庭，或者高贵的地位长期给予他们的一种心态。我们知道屠夫的相貌大都凶狠。面相充满苦楚的人，一定长期对自己的生活不满意，长期处在生活压力下挣扎，他们唯一喜欢对人说的可能就是生活的艰辛，生活的不如意。如果一个家长长期对孩子表现自己的艰辛和不如意，对孩子的心理将会造成严重的创伤。

从古代到现代，所有描绘女人的文章里，美女们大都喜欢琴棋书画，这是一种高雅的习性，长期把自己放在书香与墨宝里浸泡，不想美丽都很难。为什么很多文人喜欢文房四宝，尤其对于砚台的喜爱尤甚。那种抚摸砚台的润滑，磨墨、润笔、挥毫的舒畅，墨色散发出来的香味，会让你自然而然地达到一种心静的状态。墨色、线条、优雅的音乐、美丽的文字就像山泉，就像溪水，轻轻地滋润着你，温柔地抚摸着你，在这样的环境里，你还想变得不美丽吗？山泉不同意，溪水也不会同意，那是一种潜移默化，那是一种自然天成的大气和美丽。所以，养心对于容颜的作用是很明显的。

特别是中年女性，更需要先养心而后才能养颜。中医认为，心主血脉，其华在面，因为人的面部血管丰富，较为充盈，所以，心气的盛衰、血脉的盈亏变化可以从面部的色泽反映出来，如心气旺盛，血脉充盈，则面色红润；心气不足，血脉空虚，则面色苍白；心血淤滞，则面色青紫。中医《内经》说：“女子……六七，三阳脉衰於上，面始焦，发始白。”这是说，女子到了六七四十二岁时出现的变化。

40岁的女人，由于各项生理功能的减退，尤其脸上皱纹越来越多，有些人把金钱花在美容院或化妆品，其实不如调理好自己的心，特别是心态。如果心的气血充盈，面得血养就会面色红润，皱纹减少，否则情况就会相反。有的40岁的女人，还会出现失眠、多梦，心烦易怒，这也与心有关。中医认为“心主神志”，人的精神意识和思维活动与心有关，这相当于大脑的部分功能。中医的《灵枢》说“心者，神之舍也”，心的气血充盈，则神志清晰，思维敏捷，精神充沛；心的气血不足，则出现心烦、失眠、健忘、多梦、心神不宁等。因此要注意养心。怎样养心呢？

（1）饮食的原则是蛋白质、脂肪要有一定的摄入量，主食要吃够，多吃蔬菜水果，对心和颜面有滋润作用。少食辛辣肥甘食品，避免面部起疹或痘。

（2）养心也包含着心态，要多参加社交活动，扩大交际面，调整自己的心态，也有利于养颜。

（3）注意修养。修养可以保持容颜青春永在，提倡宽容博爱，这样才能留住青春。

（4）多读书，可净化心灵、增强气质、保持神韵，也可增长知识。

（5）注意生活起居，不吸烟、少饮酒，适度锻炼身体，保持充足的睡眠。

（6）保持心情舒畅，多想开心事，不想心烦抑郁之事，使七情平和，避免用心过度。中医有过喜伤心、过怒伤肝、过度忧思伤脾、过悲伤肺、惊恐伤身之说。

启迪人生

养颜不仅要养其形，还要养其神，心主神明，其华在面，只有从心入手，才能开始真正的养颜。